卒、'17

SOTSUTEN

「卒、17」実行委員会 編

はじめに

この度は「卒、17」の企画および運営に携わらせて頂き誠にありがとうございました。
皆様のご協力のお陰で、無事開催することが出来ました。
スタッフ一同、皆々様に心からお礼申し上げます。

「卒、」では今年から作品集を作成しました。
こうして作品集を作り、4年間の集大成とそれらに対する批評をカタチに残すことで、私たちの作品や時代を別の視点から見ることができるでしょう。また記憶として蓄積され認知されていくことで、より多くの方々が応募して頂くことを願っております。

開催にあたりましては、三栄建築設計様にご協賛いただき、建築倉庫様には会場の面でご後援いただきました。そして、特別協賛企業として総合資格様には、設計展の企画・運営を通して常に私たちを支えていただき、本作品集におきましては無償で出版を引き受けていただきました。ご協力いただきました企業様には、この場をお借りして深くお礼申し上げます。

「卒、17」では例年より多くの大学・学部からのご応募があり新鮮な年でした。それらに伴う学生間の交流を以て、切磋琢磨し成長するきっかけとなる場となれば幸いです。

卒、17代表　大沼謙太郎

「卒、17　全国合同建築卒業設計展」への
協賛および作品集発行にあたって

建築士をはじめとする、有資格者の育成を通して、建築・建設業界に貢献する——、それを企業理念として、私たち総合資格学院は約 38 年間、建築関係を中心とした資格スクールを運営してきました。おかげさまで、近年は1級建築士の学科試験と製図試験ともに合格者の過半を当学院の受講生が占め、学科試験および製図試験共に「日本一」の合格実績を達成することになりました。この学習システムを基盤に、有資格者をはじめとした建築に関わる人々の育成を通して、安心・安全な社会づくりに寄与していくことを会社の使命としています。
その一環として、建築に関係する仕事を目指している学生の方々が、夢をあきらめることなく、建築の世界に進むことができるよう、さまざまな支援を全国で行っております。卒業設計展への協賛やその作品集の発行、就職セミナーなどは代表的な例です。

当社は長年「卒、」に協賛して参りました。本設計展は、大学や企業、各種団体が主催する卒業設計展とは異なり、運営も応募も学生の自主性に任されており、協賛当初から若い独特の熱気と志を感じてきました。今年から、彼らの活動と作品の記録、そしてそのエネルギーを一冊にまとめ上げた作品集を発行することになったことを大変よろこばしく思います。

「卒、」に参加された方々が本作品展を通し、新しい建築のあり方を構築され、さらに将来、家づくり、都市づくり、国づくりに貢献されることを期待しております。

総合資格学院 学院長　岸隆司

CONTENTS

Chapter3　Entries　　出展作品

卒、とは

「卒、」は「そつてん」と読みます。

関東を中心に、全国から有志で集まった建築を学ぶ学生で構成されており、建築学生の集大成とも言える卒業設計の発表の場を設け、より多くの人に建築の素晴らしさや楽しさを伝えられるよう１年かけて企画運営していきます。大学・学年・地域を超えて様々な学生と意見を交わし刺激し合いながらフラットな関係を目指していきます。

コンセプト

用強美＋環

utilitas/firmitas/venustas＋environment/circle/recycle

建築の三要素＋現代社会において必要不可欠な要素について考える

○３つの環
1. 自然「環」境の考慮
2. 人と繋がり「環」になることの大切さ
3. 空き家や廃墟をどのような「環」のなかで再利用するか

卒、2017　実施概要

主催：「卒、17」実行委員会
参加大学：日本大学、昭和女子大学、東洋大学、国士舘大学、芝浦工業大学
日程：2017 年 2 月 26 日（日）～ 28 日（火）　10:00 ～ 16：00
会場：T-Art Gallery（建築倉庫となり）
講評会Ⅰ：2017 年 2 月 26 日（日）
講評会Ⅱ：2017 年 2 月 27 日（月）

特別協賛：株式会社 総合資格
協賛：株式会社 三栄建築設計
後援：建築倉庫

JN174874

Chapter.1　Juries & General Comments

審査員 & 総評

Day1 General Comments of the Judges ｜ 審査員総評（1日目）

菅原 大輔
Daisuke Sugawara
SUGAWARADAISUKE

2000年　日本大学理工学部建築学科卒業
2003年　早稲田大学大学院理工学研究科修士課程修了
2004年　C+A tokyo／シーラカンスアンド・アソシエイツ
2004年　05Jakob + Macfarlane（フランス）
2006年　Shigeru Ban architect Europe（フランス）
2007年　SUGAWARADAISUKE を設立
2011年　16 被災地支援団体陸前高田燈すプロジェクト：りく×トモ設立運営メンバー
2013年　日本大学理工学部および早稲田大学、東洋大学非常勤講師
2017年　株式会社 SUGAWARADAISUKE 建築事務所に改編

小嶋一浩さんは、「今後10年間考え続けたいと思えるものを卒業設計のテーマにしたほうが良い」とおっしゃったのを記憶しています。その言葉は私の中に深く残っていますが、社会が地殻変動を起こす今の時代は10年間も考え続けるテーマを見つけることが難しくなっています。そのようななか、審査の評価基準として、「未来にどう開いていくか」、「それがちゃんと空間として建築化しているか」、そして「豊かな社会を変えるプロトタイプになっているか」という3つを立てました。しかし、中々3つが揃っている人は少ないと感じました。

私が個人賞に選んだのは1番の小林さんです。人口や資源、産業の在り方が変わるにつれモビリティも変化しますが、それは社会にとって圧倒的なインパクトがあります。そのことについて、彼はきとんとリサーチをしていたという点を僕は高く評価しました。月極駐車場という既存の機能がなくなっていく点に着目して、そこを地域の拠点にするというところも非常に好感がもてる。

ただし、「三角って本当にいいの」という質問が出たように、先ほど評価軸として挙げた「空間として建築化しているかどうか」という点では褒められない面がある。例えば、自動車とは別の簡易的なモビリティになったときには、屋外と居室の関係が変わるわけですよね。やはりそこはしっかり提案するべきで、建築化するべきだと思いました。また、モビリティが圧倒的に変化する道路の姿についても対象化して提案して欲しかった。その2つがしっかりできていたら、是が非でも僕は大賞に押したかったと思っています。

種田 元晴
Motoharu Taneda
種田建築研究所

2005年　法政大学工学部建築学科 卒業
2011年　種田建築研究所
2012年　法政大学大学院工学研究科博士後期課程修了 博士（工学）
2012年　東洋大学ライフデザイン学部人間環境デザイン学科 助手
2014年　法政大学・東洋大学非常勤講師
2015年　桜美林大学非常勤講師

全体を見て感じたのは、「原作者性」について皆さんはどのように考えているのかなということです。「アノニマスな場所を作りたい」というお話もあったと思いますが、そうだとしても、それは"作品"なわけですし、それを作り考えるのは"作家"としてここに立つ皆さん自身です。「原作者性」は模型の大きさや、プレゼンテーションの豊かさと関係しますが、豊かだけれども表現に統一性がなかったりするわけです。何故かと言えば、皆さん自身が描いているとは限らないからですよね。模型が大きくお手伝いがいっぱいいれば優秀作が出来上がるという風潮が少なくとも10年以上続いていて、それについてはずっと気になっています。ただし、やはり最終的には皆さんは監督なんだと思います。監督として、私はこういう表現で戦うんだという強い思いがあれば、どんなお手伝いがいたとしても表現が統一されますし、模型やプレゼンテーションでもより言いたいことが明確に伝わると思います。

そのようななか今回の設計展では、皆さんが自身の卒業設計にどこまで責任を持っているかが分かるような作品に好感が持てました。責任を持って、一生考えたいと思っているものはこれなんだ！ ということを表現している作品に個人賞を差し上げたいと思います。個人賞は32番の「滅びる建築」を作った伊東さんです。伊東さんの作品は建築物としては使われ方があまり具体的には詰められておらず、未熟な印象もぬぐいきれません。しかし、建築は作っていくものではなくて滅びていくものだ、という側面に光を当て、どうすれば建築は美しく滅んでいくかということを徹底的に追求した執念を高く評価したいと思います。明るい未来をただ安易に無邪気に通俗的に描くことなく、しかし決して絶望しない姿勢をこれからも貫いていただきたいと思います。

宗本 晋作
Shinsaku Munemoto
SMA（宗本晋作建築設計事務所）

1998 年	京都大学大学院工学研究科建築学専攻修士課程修了
1998 年	（株）日建設計
2005 年	宗本晋作建築設計事務所設立（株式会社宗本晋作建築設計事務所に改組）
2005 年	京都大学大学院工学研究科建築学専攻博士課程修了
2010 年	立命館大学理工学部建築都市デザイン学科准教授
2017 年	立命館大学理工学部建築都市デザイン学科教授

私は関西の大学で教えています。今日の卒展では、関東の卒業設計に新鮮さを感じました。関西では、京都の木造密集地域（以下、木密）をはじめとし、低層高密度化された都市をテーマにしている学生が多く見られます。このテーマと向き合う学生は、毎年、分析から得た解決策が類似し、見慣れた案に陥ってしまっているように感じています。

一方、無理矢理でもカット＆ペーストにより形態を生成していく早坂君の案は、ランダムな操作が、関西の学生が分析から考えてきた木密の町に対するアプローチと違い、文脈を一旦無視することで得られる新しい可能性を示唆している思いました。

また関西の傾向かと感じたのが、広い敷地に制約なく自由に派手に提案している傾向です。関西は戦争による被災が少ないため、歴史的建造物が多く残り、これらに関係する敷地を選び、コンテクストを意識しながら創り出す案も多いと思います。

関東ではこれらの案があまり見られませんでした。

地域によって関心の対象が違えど、卒業設計にかける情熱は、関東も関西も変わりません。今日も皆さんの自分の作品に対する強い愛情が、それぞれが提案する建築の説得力になってました。

本日の卒展では、皆さんのチャレンジが、方法論として新しいものを生み出しているかどうかを期待して審査に臨みました。説明不足でも、こちらがよく解釈し、新しい可能性を感じさせてくれた提案を評価しました。私が個人賞として選んだのは 2 番の早坂君です。理屈抜きの単純無比なカット＆ペーストは、提案の場所に限らず、様々な場所で使える可能性を秘めています。また説明抜きのランダムな操作の反復により生み出された建築が、理屈っぽく組み立てられた予想できる見慣れた建築以上に、豊かさと強度を持っていると感じました。

吉村 靖孝
Yasutaka Yoshimura
吉村靖孝建築設計事務所

1995 年	早稲田大学理工学部建築学科卒業
1997 年	早稲田大学大学院修士課程修了
1999 年	文化庁派遣芸術家在外研修員としてMVRDV（蘭）在籍
2002 年	早稲田大学大学院博士後期課程満期退学
2001 年	本格的な設計活動を開始、早稲田大学、本女子大学、東京工芸大学他にて非常勤講師を歴任
2005 年	吉村靖孝建築設計事務所設立
2013 年	明治大学特任教授

建築の最終形を一人の建築家が描ききってしまうことに対する危機感を多くの人が何となく抱いていると思います。既存の建物をつぶさに観察してそれに対して時間を組み込んで、即興的な音楽を奏でるようにそれぞれの場所を上手く構築して応えているということで、野村さんを最優秀賞に選びました。今回僕が票を入れた 3 作品だけではなく、実はそういう方法に気付きながら設計している人がすごく増えていると思いました。

2001 年頃から毎年どこかの卒計展に招待されていますが、その時々の流行りというものがあります。僕らが卒業設計に取り組んでいた頃は、デコンストラクション。ダイアグラム建築が流行るとそれに影響された作品が増えたり、白い壁構造が流行るとそういう表現が多くなったりしていました。その後は東日本大震災が起こり社会派の時代となり、

小屋からスタートして、現在はそれを表現まで高めたいという意欲が出てきています。そこには小さな物と折り合いをつけながら設計をしていくということが共通認識としてありますが、今の世の中では、そのような建築が示しうる寛容さが大事だと思うのです。時間をしっかり織り込み他を拒絶するのではなく、他者を熟知し受け入れながら建築をつくっていく。そのプロセスは今の時代に重要なテーマだと思います。

僕は皆さんの 20 歳年上の人間ですが、20 年前には 20 歳年長者の評価はあまり当てにしなかったです。要するに今日評価されなかったような人たちの中に可能性が眠っているかもしれない。選ばれなかったからといって悔やむのではなく、ぜひ自分が良い建築家かパスカルといってでも胸に秘め追求していってほしいと思います。

Day2 General Comments of the Judges ｜ 審査員総評（2日目）

倉方 俊輔
Shunsuke Kurakata
大阪市立大学准教授

1994年　早稲田大学理工学部建築学科 卒業
1996年　早稲田大学大学院理工学研究科 修了
2010年　西日本工業大学デザイン学部准教授
2011年　大阪市立大学大学院工学研究科准教授
2017年　日本建築学会賞（業績）

　総じて作品の内容も良かったですが、発表の姿勢が適切に堂々としていたのが印象に残っています。一次審査で何十人ものプレゼンを聞きましたが、きちんと自信を持ちつつ思い思いのしゃべり方で、できる限り正確に伝えようという努力が受け止められ、時間的には忙しかったですが、疲れは感じませんでした。高水準な会でした。

　一方で最近は、今日のような対話型の講評会が増えていますが、そんなに学生の話を聞く必要があるのでしょうか。例えば、建築を見る際に設計者が隣にいて、その建築の良さや自らの思いを説明し出したらある意味うるさいかもしれません。本来は出来上がったものが他者からどのように解釈されるかだとか、どのように使われたりするかが建築の評価を生むと思います。卒業設計も現実の建築が延長線上にあるとすれば、学生の説明で評価が上がったり下がったりするのはいけないのではないか、という解釈もできないではない。

　それではどのような説明の仕方がいいかというと、設計の効果に対する言及が挙げられます。例えば、最近よく見られる傾向でいうと、街に何かが挿入されて、それによってどういう波及効果があるのかといったような説明です。そのように説明してもらうと審査する側もその建築の影響力について一緒に考えられやすい。模型などを見ながら、使い勝手やその機能の広がりについても議論が可能なはず。ユーザーをはじめとした他者が作品の素晴らしさや有用性を語ることができる、それが建築のパブリックというものではないでしょうか。

鈴野 浩一
Koichi Suzuno
TORAFU ARCHITECTS

1996年　東京理科大学工学部建築学科卒業
1998年　横浜国立大学大学院工学部建築学専攻修士
　　　　課程修了
1998年　シーラカンス K&H
2002年　Kerstin Thompson Architects（メルボルン）
2004年　トラフ建築設計事務所共同主宰
2005年　東京理科大学および昭和女子大学等非常勤
　　　　講師
2014年　京都精華大学および立命館大学等客員教授
2017年　東京都市大および東京藝術大学非常勤講師

　1次審査の1分くらいのプレゼンテーションでは、自分のやりたいことと、それをどう形にしたかを伝えることは難しいと思います。その中でも、もう1回話を聞いてみたいという作品を2次審査に選出しました。ですので、選ばれなかった人が相対的に点数が低いという訳ではありません。

　2次審査まで残ってきた人は、視点を自分に向ける小さなところからテーマを見つけて、かつその後も10年、何十年と考えていけるような強度のあるテーマへ昇華した人が集まったなと思います。この卒、」は、自主的に出してきている卒業設計展だけあって、高いレベルで議論ができたと感じています。

　もう一方で、もう少し夢を見させてくれるような、飛び抜けている作品が見たかった。ただ、多くの作品に見られた、現実的な小さい提案ながらも大きく表現する、という傾向が今の時代らしいなとは思います。

　個人賞は、1次審査の時に票を入れるかどうか迷っていた「100mの都市」の酒井さんに差し上げたいと思います。ファサードはスタディ不足ではないかなと自身で言っていましたが、最初は少し不均質なオフィスビルの提案と思いました。話を聞く中で、都市をつくりたかったとはっきり言っていて、その言葉通り明確に都市というものをつくっている点が選出の決め手になりました。おめでとうございます。

冨永 美保
Miho Tominag
tomito architecture

2011 年　芝浦工業大学工学部建築学科卒業
2013 年　横浜国立大学大学院 YGSA 修了
2013 年　東京藝術大学助手
2014 年　tomito architecture 設立

　卒業設計の時間というのは、建築家になっていく過程において、どのような意味を持つようになるのでしょうか。そんなことを考えながら審査にあたらせていただきました。最優秀賞に輝いた児林さんは、模型を覗き込んでいるだけで場が動き出しそうな躍動感があって、質的に居場所を作ることがすごく上手な方だと感じました。一方、その空間を支える仕組みを組み立てる際に、それを定量化できない苦しさのようなものを感じました。児林さんの提案した空間性は、卒業設計というアンビルドの世界より、現実の複雑な関係性の網目の中での方が、実際に立ち上がりやすいようなものだと感じました。そういう意味で、今後の実務を通し、児林さんの肌感覚に基づいた、緻密な空間性を伴う生身の建築が、実際に立ち上がることを期待しています。

　冨永賞については、デトロイトの権藤さんに差し上げたいと思います。デトロイトについては、正直にいうとまだよく分からないのですが、デトロイトという敷地において何か必要なのかを冷静に精査し、そこに建築は必要かという根本的な問いも含めて、かなり綿密に執拗に調べた結果を眺めつつ、考えていたことが印象的でした。また、敷地の持つ背景として、そこに何かを建てるということはかなり責任の重い行為となりますが、そのような場所にこそ本物の建築が必要だなのと言わんばかりに、積極的に建築を根付かせようとする姿勢にも勇気付けられました。一見すると課題解決型の提案に思えますが、できている建築は生き生きとした居場所をたくさん持っていて、それぞれに個性ある部分からなる、のびやかで大きな全体性を展開できているようなところに感動しました。

西田 司
Osamu Nishida
on design

1999 年　横浜国立大学卒業
2002 年　東京都立大学大学院助手
2004 年　オンデザインパートナーズ設立代表
2005 年　横浜国立大学（Y-GSA）助手
　　　　現在、東京理科大学、日本大学非常勤講師、
　　　　大阪工業大学客員教授

　1次審査と2次審査で大切にしていた評価軸は、自分自身がユーザーになった時に、都市や建築の体験として、いかに発見があったり興味が湧いたりする作品なのかということ、そして、そういうことに意識を向けて設計をしているかどうかということです。

　審査会での議論については、どういう着眼点で最優秀賞を選ぶのかというところを、審査員側でもそんなに用意していませんでした。比較的応答性がありながら審査を続けてきて、最終的には投票で決まりましたが、今回の議論をもう一回掘り起こしながら僕自身の審査員賞を考えました。

　そういった過程を経て個人賞に選んだのが、一次審査の際には票を入れませんでしたが、42 番の佐々木さんです。既存の建物の改修計画と、それに対してプラスαの構造を足していくという作品で、倉方さんからは名作住宅に後から付け加えているのだから形をもっと追究するべきでは、というような指摘を受けていましたが、2次審査で議論をしていく中で彼女自身が不完全な領域設定と言っていた操作から編み出される効果によって、風景や構成している全体像に関する信頼性が、とてもいいものに感じてきました。

Timetable of Review ｜講評会時間割

2017 年 2 月 26 日（日）・27 日（月）

9：30	開場
9：30	ゲストクリティーク会場到着
9：45	一次審査に関するアナウンス開始
10：00	一次審査開始
	クリティークの方々に順番に会場を回っていただき、最終 10 作品を選出して頂きます。その際、出展者の方々には順次自分の作品ブースに待機していただきます。
13：00	最終 10 作品決定・お昼休憩
	ゲストクリティークの方々で、最終 10 作品を選出していただきます。
14：00	講評会
	1作品あたり（発表 3 分＋講評 5 分）× 10 人を行います。
16：00	ディスカッション＋総評＋表彰
	選出作品についてのディスカッション、全体の総評、各ゲスト賞の選定をしていただきます。
16：50	懇親会
	クリティークの方々や、出展者の方々、スタッフを交え懇親会を開催いたします。
17：50	終了
	順次、スタッフがご案内いたします

Chapter.2　Winners　受賞作品

エベレストの迷宮
―自己コラージュによる三次元空間の超越―

プログラム：自由

構想／制作： 6週間／7週間

計画敷地：なし

制作費用：87,022円

進　　路：東京理科大学研究生

野村 健太郎
Kentaro Nomura

東京理科大学
工学部 建築学科
坂牛研究室

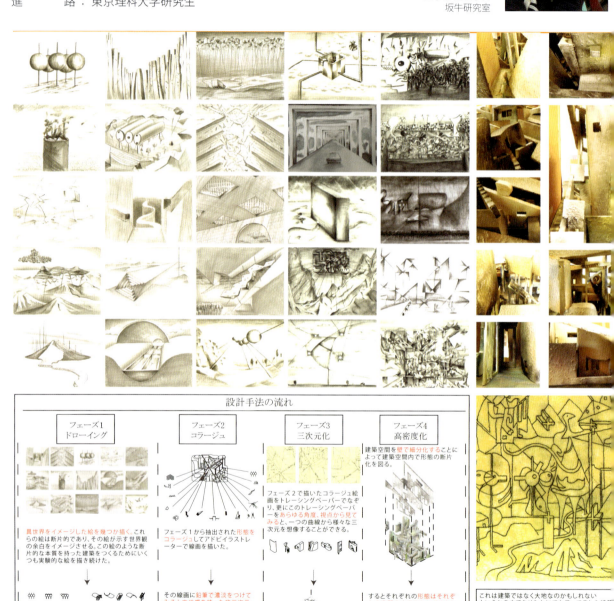

設計手法の流れ

フェーズ1 ドローイング

異世界をイメージした絵を幾つか描く。これらの絵は断片的であり、その絵が示す世界観の余白をイメージさせる。この絵のような断片的な本質を持った建築をつくるためにいくつも実験的な絵を描き続けた。

あるときそれぞれの絵を実験的にコラージュするために抽象化された形態を抽出した。

フェーズ2 コラージュ

フェーズ1から抽出された形態をコラージュしてアドビイラストレーターで線画を描いた。

その線画に鉛筆で濃淡をつけてみると立体感を持った非三次元的な空間がうかびあがって来る事に気が付く。

僕はこのコラージュが建築空間をあらゆる方向から見た絵画であるものであると仮定して設計することにした。

フェーズ3 三次元化

フェーズ2で描いたコラージュ絵画をトレーシングペーパーでなぞり、更にこのトレーシングペーパーをあらゆる角度、視点から見てみると、一つの曲線から様々な三次元を想像することができる。

これをもとに三次元空間をライノセラスで制作。この造形は主観のみを表わすのではなく、最も客観的な東京都内での隣接する敷地同士の衝突を弄揮している。

フェーズ4 高密度化

建築空間を壁で細分化することによって建築空間内で形態の断片化を図る。

するとそれぞれの形態はそれぞれの空間の中でのシンボルとなる。これによって高密度の建築となる。

これは建築ではなく大地なのかもしれないというか自由でありなんにでも使って良しな建築都市は機能であふれていて自由でない。つまりシンボル的ないびつな形が何かに使われた時、機能は偶発的に出会い衝突し新鮮なものとなる。機能は形態から想起される。

例

都市空間を純粋に楽しむことは未知の場所を想像することだ。それは絵を純粋に見て楽しむ事と似ている。絵は異世界の断片でありその裏側を人はそれぞれ想像するからだ。しかし現実の都市のイメージは機能を目的と下形態によりステレオタイプ化しており、空間に出会う時の想像、期待、感動、幻滅は忘れ去られている。空間がまるで豚小屋のエサのようだ。このままではある感情が人々から消えてしまう。その病には壁の向こうをより童話的に想像させるような建築こそ最も効き目があるのではないか。その建築には人に疑問を抱かせるような形態と空間的な奥行きが必要であると考えた。それを実現するために自ら描く絵画を用いた設計手法を提案する。認識されない余白の空間を人は年月を経て自由に想像し期待しいずれ出会う。

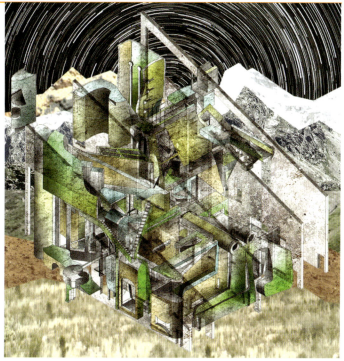

新天地

梯子を作る

最初の空間

人は次の空間へたどり着くために壁をよじ登る　そして出会う

この空間にダルメシアンを飼いたい ここは僕のテリトリーだ

たどり着いた。ここには誰かが気持ちよく寝た痕跡がある

蛇行する川
- 物理的切断と客観的偶然から生まれる建築 -

プログラム：コンプレックス
構想／制作：15 週間／3 週間
計 画 敷 地：千葉県習志野市大久保
制 作 費 用：¥100000
進　　　路：設計事務所

最優秀賞（2日目）/吉村靖孝賞

児林 幸輔
kosuke Kobayashi

日本大学
生産工学部 建築工学科
篠崎研究室

蛇行する川　- 物理的切断と客観的偶然から生まれる建築 -

構成

現状

恒久的建築

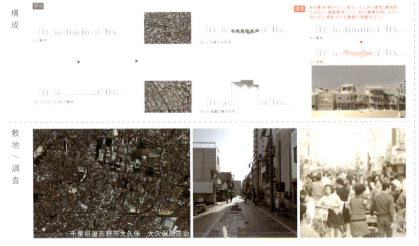

千葉県習志野市大久保　大久保商店街

敷地／調査

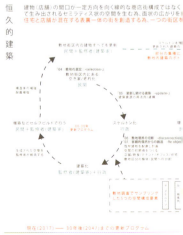

かつての商業形態の多くが衰退し閑散としている千葉県習志野市大久保商店街で、建物の更新を行い、線的な商店街構成ではなく面的広がりを持った街をつくる。デザインサーベイの中で選定した一つの街区内にある19の異なる構造、築年数、用途の既存建物を段階的にスケルトンまで解体し、用いることで、街と並列性を持ち、物理的に連続させることで新たな景色を生む。
指先から都市まで横断する客観的偶然が生み出す街の建築の提案。

Phase 04　30年以降
蓄積された偶然的空間が建築を代行する。

e 03　30年後
の広がりによって新しい関わり方で人と街と建築が呼応する。

Phase 04　30年以降
アノニマスな空間が都市に対し新たな風景を生む。

人の欲望や行為によっ

更新し続ける建築

街区内にある19の異なる構造、築年数、用途の既存建物を、空き家/空き店舗/老朽化などで使われなくなった順に、段階的にスケルトンまで解体し新たな建築に用いる。更新を行う際、周辺の既存建物、住民と関わりながら建具や間口を決定していく。またボトムアップの建築を目指すため、全体のスキームはつくらず、段階的にゆっくりと部分部分から全体を導く。

site

Phase 00　敷地現状

Phase 01　初期施工

Phase 02　15年後

小さな交通が都市を変える
- 車社会に対する新たなライフスタイルの提案 -

名古屋は車社会である。
都市は道路と私有の車を保管する空間に支配されている。
そこで都市の中の車に支配されている空間（月極駐車場）を小さな交通から大きな交通への乗り換え空間に変換する。それにより、ある範囲では車を所有しなくても生活できるライフスタイルを提案する。

小林 寛知
Hirochika Kobayashi

法政大学
デザイン工学部 建築学科
赤松佳珠子研究室

プログラム：
交通乗り換え空間

構想／制作：
6ヶ月／3週間

計画敷地：
愛知県名古屋市
昭和区御器所

制作費用：
100,000 円

進路：
法政大学大学院

街には体の不自由に関係なく出歩く高齢者が、
セグウェイなどの新しい乗り物を乗りこなす若者が、
そして、安心して道路を駆け回り、
遊ぶ子供達の姿がみれるようになるだろう

▲ 月極駐車場分布図

スモール・モビリティ・エリア

0m　　　　50m

▲ ダイアグラム

名古屋市御器所地域を対象に、スモール・モビリティ・エリア（3つの街路分析によって定めた範囲）内の月極駐車場（自動車に支配されている空間）を、＜大きな交通＞（公共交通・自動車 etc）から＜小さな交通＞（スモールモビリティ）に乗り換える空間（スモール・モビリティ・ステーション）に変えることで、エリア内では自動車を所有しなくても移動可能な生活圏を設計する。

エリアの外枠に4つの対象敷地を選定し、そこに乗り換え空間とコミュニティ形成の場を計画する。
それぞれの計画敷地には、小規模のスモールモビリティステーションを中継地点として、そこでモビリティを得てから向かう。
それぞれの建築は大きな三角屋根によって形作られその三角形が街の中でアイコンになり、
その場をスモールモビリティステーションとして、意識付けさせる。
さらに屋根に対して、『軒を出す』、『屋根を削る』、『テラスをつくる』、『窓を設ける』の操作を行い、軒下の人とモビリティの空間をつなぐ。

軒を出す　　屋根を削る

テラスを作る　　窓を開ける

▲ スモールモビリティ

屋根のエレメント

第一海堡の九相図

本提案では戦争遺跡を対象に提案を行う。太平洋戦争から70年近くが経過し、歴史を後世に伝える語部としてその価値は高まっている。しかし多くの遺構は処置が取られずその数を減らしている。私はこの現状に疑問を抱き、これまでの保存、修復とは異なる立脚点からの提案を行う。本提案では九相図を参考に遺構の移ろいに着目し、消えゆく遺構と共に朽ち果てていく建築の提案する。

伊東 亮祐
Ito ryosuke

日本大学
理工学部 建築学科
佐藤光彦研究室

プログラム：
ビジターセンター

構想／制作：
6ヶ月／2週間

計画敷地：
千葉県富津市富津

制作費用：
6万円

進路：
日本大学大学院

本提案で対象としたのは千葉県富津岬の第一海堡という人工島である。この第一海堡は明治から大正に日本国内の要塞化の一貫として計画された。現在は植物が島全体に繁殖し、また島南部の一部は台風による風雨や波により崩壊が進み島全体の存続が危ぶまれている状況にある。またこの島は海上交通の要衝である浦賀水道に隣接しており、海難事故の原因として指摘され船舶運営関係者から撤去が主張されている。またこの島は海上交通の要衝である浦賀水道に隣接しており海難事故の原因として指摘され船舶運営関係者から撤去が主張されている。

一、出生
二、破壊
三、遺棄
四、転生
五、同化
六、衰退
七、剥離
八、無形
九、葬斂

イエ、48 ノ
不在ノパズル

「関わりの余白」をまちから切り取り、繋げることでひとつの集合住宅を作る。それは、どこか見たことがあるようでないような風景を作りながらもまちに馴染んでいく、あらゆる他者との関わりの中で生きていく建築になるのではないか。そんな都市と住戸の連続性を考えた。

早坂 覚啓
Akinori Hayasaka

明治大学
理工学部 建築学科
小林正美研究室

プログラム：
集合住宅

構想／制作：
8 週間／4 週間

計画敷地：
東京都台東区日本堤

制作費用：
20000 円

進路：
I-AUD

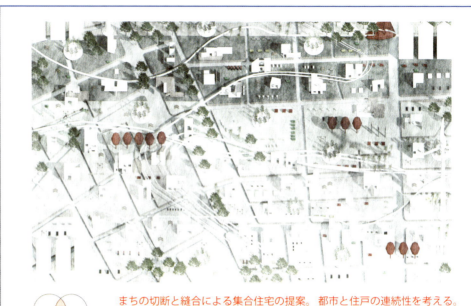

まちの切断と縫合による集合住宅の提案。都市と住戸の連続性を考える。

「 関 わ り の 余 白 」とは

何かと何かをつなぐモノ

だと考える。

隣り合うベランダ

隣棟との間隔が狭いことにより生まれた
ベランダの連結により、二つの建物がつながる。

植栽を避ける建築

植物を避けるかのように建てられた建築。
構えに空隙が生まれる

面する二人

二つの建物か、狭い路地で面して
開いていることにより
路地という亀裂を介して二つのモノが
つながっている。

これらの「関わりの余白」を新たな敷地に再編集する。

 隣り合うモノ同士の関係をそのまま描こう。

周囲に影響されながら、増殖する。

 増殖する際隣り合うピースとの
関係によって、空間の特性が変わる。

切り取られた断面と断面が偶然にも出会う。

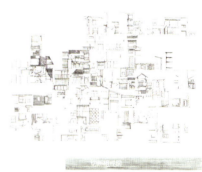

この建築は、まちの空間を一つにした構造物でありながら、
今までの風景を楽しく使っているようでもあり、また時間的にも空間的にも、
つながりを持った建築として都市に連続し、歴史の上書きを繰り返す都市に対して、
街並みの変遷を移す鏡としてこれからの街並みをかたち作っていく。

舟運都市

江戸時代、隅田川は交通、物流機能を持っていたが、明治時代以降、陸上交通の発達により衰退した。そこで、隅田川に建築を運搬するという「物流」機能を付加し、賑わいを創出する。さらに相乗的に交通機能が拡大することを目指し、かつての水の都を現在の形で再建する。

池田 遼太
Ryota Ikeda

千葉大学
工学部 建築学科
中山研究室

プログラム：
商業施設

構想／制作：
10 週間／ 3 週間

計画敷地：
東京都墨田区・江東区

制作費用：
15 万円

進 路：
千葉大学大学院

賑わいの「物流」の提案

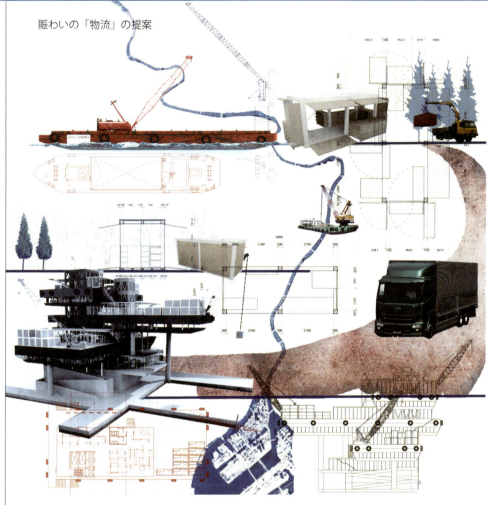

隅田川全体の賑わいの創出
〜ハコの提案〜

物流の可視化
〜ハブの提案〜

コンテナ規格で設計されたハコは，建具の開閉によりフリーマーケットやカフェ、ギャラリーなどのアクティビティを創出し、隅田川テラス全体の賑わいを創出します。

ハコが東京内陸部と繋がるためのハブを計画し、水陸の結節点として機能します。また、ハコによる商業施設とし、一般的な商業施設とは異なった雑多な商業空間が広がります。

100M の都市

再開発により、均質空間の積層で成り立つ高層ビルが暴力的に立ち並ぶ。建築を大きく5層に分け、文化、商業、オフィスが各層で異なる交わり方をする複合高層ビルを提案する。各層にシティールームと呼ぶ半外部空間を設け、それらをエスカレーターでつなぐことで、高層ビルにおける人の交通をデザインする。自分が居心地が良いと思える場所を探す、そんな都市のような建築。

酒井 健太郎
Kentarou Sakai

東京理科大学
理工学部建築学科
安原研究室

プログラム：
複合施設

構想／制作：
2.5 カ月／1 週間

計画敷地：
東京地港区虎ノ門

制作費用：
約 8 万円

進路：
東京理科大学大学院

全体構成

オフィス

文化施設

商業施設

1.既存の複合オフィスビルにおける商業、文化、オフィス施設の構成を考え直し縦割りにする。
2.主構造をSRCとし、建物を大きく5層わけにする。
3.各層において文化施設とオフィスの関係性に変化を持たせ、特徴づける。
4.各層はエントランスを持ち、それらをつなぐようにエスカレーターを設ける。

空間構成

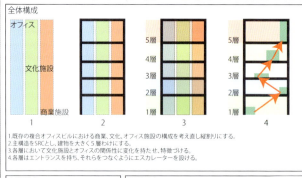

模型写真

シティールームとエスカレーター

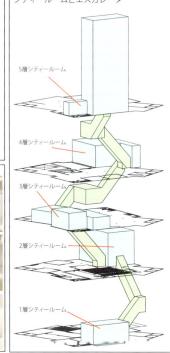

5層シティールーム

4層シティールーム

3層シティールーム

2層シティールーム

1層シティールーム

1000の境界が
ひきもどす風景

かつてはモーターシティとして栄華を極めたが、全米一哀れな街として荒廃した街、デトロイト。そんな街に現在再生の流れが始まっている。郊外に住むかつてのデトロイト市民と、市内に住む現デトロイト市民を隔てる象徴的な境界線である 8mile road という道路。両側に同じ精神性を持つ市民がいるこの境界線にこそ、かつての風景をひきもどす力があるのではないだろうか。

権藤 弘之
Hiroyuki Gondo

千葉大学
工学部 建築学科
岡田研究室

プログラム：
公共施設／住宅

構想／制作：
4週間／3週間

計画敷地：
ミシガン州デトロイト市

制作費用：
150,000円

進路：
東京工業大学大学院

－境界線を都市軸へと転換する契機としての建築－

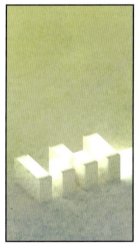

蟻の目 　　　　　　鷹の目 　　　　　　魚の目

概要

① 街と活動に要求される空間を探求し、再生をデザイン。極着ななだしていくことで境界線を融かす。

② 活動を循環させることで軸の流れを作りつつ、領域をうたくよりの視点から建築しうたい提案。

▼

市民の活動と建築によって転換され、融けた境界線によって引き戻される風景を描く。

半［築／居／外部］
- 領域の塗りかえによる地方公営住宅の更新のしかた -

70 年代に茨城で建てられた公営住宅のひとつである三反田アパートが持つ潜在的なポテンシャルを様々な形で再解釈し、ささやかな建築的操作を加えることでこれからへの持続可能な住システムを付加し、ゆるやかでやわらかく、ぶあつい領域を更新していける場の構築を提案する。

佐々木 毬乃
Marino Sasaki

東京理科大学
理工学部 建築学科
安原研究室

プログラム：
共同住宅

構想／制作：
3 ヶ月／ 2 週間

計画敷地：
茨城県ひたちなか
市三反田　3326

制作費用：
7 万円

進路：
東京理科大学大学
院

単身者が集まって住むときに必要なリビングや大きな浴場を設ける

広場に隣接した共有部はよりパブリック性を帯びる

既存の基礎を用いて建てるのでスケール感が再び現れる

たくさんの人と誕生日を祝うなど、日々の出来事のあり方が変わり始める

■三反田アパートの良い点・悪い点

良い点
・団地段階的なコミュニティスペースがある。
・ひな壇造成せず南北に抜けた有機的配置計画
・住居までの多様な経路
・スキップフロアのメゾネット
・豊富な間取り
・広大な外構空間

悪い点
・壁式 RC 造の、閉じた箱のような構成
・南面への画一的なファサード
・全ての住戸が階段によるアクセス
・特定の家族形態のみにチューニングされたプラン
・団地内で閉じたコミュニティ

■三反田アパートの潜在的なポテンシャルとそこでの 4 つの操作

1
New Floor Level
M2F
M1F　1F
「間」
を含めて新しい建物としての使い方を考える
斜面地＋メゾネット
＋スキップフロア
→離れた住戸間のフラットな接続

2
豊富な面積をもつ外構空間
→多種多様なランドスケープ、あるいはフードスケープへ

3
→nLDK から、
L＋D＋K＋R＋R＋…へ

4

■4 つの操作を用いた領域の塗りかえによる団地の更新のしかた

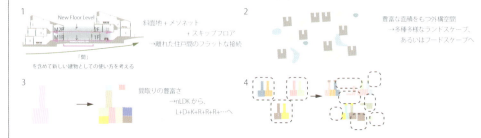

i). 住戸と住戸の "間" を敷地と見立てる

iii). 既存の基礎を利用しながら仮設的て開放的な小規模のヴォリューム群を新設

ii). 既存を必要最低限まびいて抜けをつくり、外構を再構成する。

iv). 回廊＋ブリッジを架橋し、有機的なネットワークを形成する。

あばれ櫓

埼玉の吉川に 400 年続く祭りがある。小さい頃から囃子の音を聞き、太鼓を叩き、山車を曳き、神輿を担いできた。祭りを継承する建築をつくりたい。かつて一基しかなかった神輿は、九つの町内がそれぞれ持ち、九基に増えたが共同体としてのまとまりは失った。九つの町内と町全体が一つの共同体になるために長い年月をかけて吉川の未来を計画する。共同体を象徴する櫓の構築。

福田 奎也
Keiya Fukuda

日本大学
生産工学部 建築工学科
篠崎研究室

プログラム：
公共施設

構想／制作：
6 週間／2 週間

計画敷地：
埼玉県吉川市

制作費用：
30,000 円

進路：
日本大学大学院

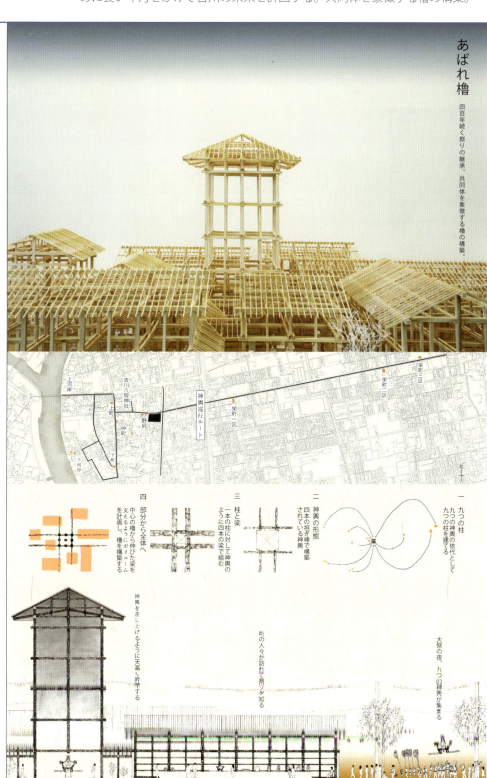

あばれ櫓
四百年続く祭りの継承。共同体を象徴する櫓の構築。

一　九つの柱
九つの神輿の依代として九つの柱を建てる

二　神輿の形態
四本の担ぎ棒で構築されている神輿

三　柱と梁
一本の柱に対して神輿のように四本の梁で組む

四　部分から全体へ
中心の櫓から伸びた梁を支えるようにボリュームを計画し、櫓を構築する

大祭の夜、九つの神輿が集まる

町の人々が訪れ、祭りを知る

神輿を差し上げるように天高く昇する

SEX
AND
THE
CITY

新宿二丁目の役割を
セクシャルマイノリティの出会いの場から、
同性愛というものの存在をストレートにとって身近なものにする場へ

人々のジェンダー意識を改めるための
全ての人がフラットな結婚式場・商業施設の提案

大久保 陽平
Okubo Yohei

千葉大学
工学部建築学科
岡田研究室

プログラム：
複合施設

構想／制作：
20週間／3週間

計画敷地：
東京都新宿区新宿
二丁目

制作費用：
20万円

進路：
千葉大学大学院

AA Section

カフェスペースから、
スモークガラス越しにカップルの存在を感じる
顔は見えないが、たしかにそこにいる

ピロティ空間を歩くと、
結婚式の余韻であるフラワーシャワーに気づく
買い物しにきたが、そういえば結婚式場でもあった

LIVING CITY
都市街区更新の糸口

今も昔も街並みにとって大事なものはそこで起こっている現象であり、それを残すことが東京の街並みを残すことなのではないか。そこで、新しい集合体のあり方を示し、多様な人々のふるまいを許容する住宅のあり方を考え直す。ひと世代 30 年という時間の波を繰り返す中で街区に挿入されたこの建築が人のための場所となり、人のための場所が拡張していく糸口となる。

藤田 彩加
Ayaka Fujita

法政大学
デザイン工学部 建築学科
北山恒研究室

プログラム：
集合住宅

構想／制作：
48 週間／ 11 週間

計画敷地：
東京都台東区
下谷・根岸

制作費用：
8 万円

進路：
法政大学大学院

ISOMETRIC

TIME

時間の経過とともに街区全体が更新されていく

潤いの成長拠点
- ツーリストと共に生きるコムルー村 -

私が訪れたカンボジアの小さな田舎村「コムル　村」。雨季と乾季のある中、村人たちは雨水と暮らしを共有しあうことで繋がりを持っていた。この雨水を中心としたコミュニティにツーリストが交わる事は、教育問題を抱えるこの地に多くの可能性を生み出す。観光に「その土地ならではの暮らし」が求められる今こそ、雨水と共に教育と産業が潤っていくこの国の成長拠点を提案する。

上田 紗矢香
Sayaka Ueda

日本大学
理工学部 海洋建築工学科
デザイン・建築計画学
研究室

プログラム：
教育施設

構想／制作：
36週間／8週間

計画敷地：
カンボジア
シェムリアップ州
コムルー村

制作費用：
120,000円

進路：
日本大学理工学部
大学院理工学研究科

カンンボジアの2つの社会問題「水との共生」「教育問題」

熱帯モンスーン気候に属するカンボジアでは今、気候変動によって改めて雨季との向き合い方が課題となっている。またカンボジアでは内戦の影響で、教育の遅れが著しい事から、産業教育は行われず国の発展の遅れにつながっている。

「雨水の共有を支える2つの形」から生まれる新たな形「Florting」

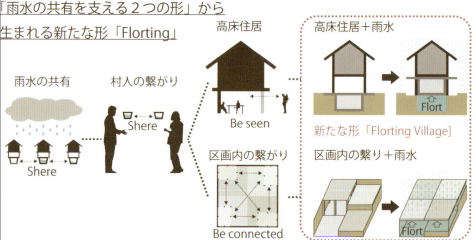

「Florting」によって生まれる繋がり

貯水水位 1m
貯水水位 2m
貯水水位 3m
貯水水位 4m

空間が繋がることで生まれる新たな機能

村人と暮らす民泊　産業への技術教育　観光前の予習講座　産業体験の提供

村人とツーリストが互いの持つ文化・技術を共有しあう場所となっていく。

Chapter.3 Entries 出展作品

"のけ者"
たちの住まい
—外国人労働者と
単身高齢者の場—

日本の都市部で増えるであろう外国人労働者と単身高齢者。しかし現在の彼らは"孤独死"や"住宅の違法利用"といったリスクから賃貸住宅の入居を拒否される"のけ者"たちである。彼らが暮らす住宅だけでなく、宗教施設やデイサービスなど、地域の高齢者や外国人が利用する施設を低層部に設け、上層部の住居部と吹き抜け空間を介してつなぐことで住民の共生を垣間見るようにする。

菊澤 拓馬
Takuma Kikuzawa

東京理科大学
工学部建築学科
栢木研究室

プログラム：
住商一体施設

構想／制作：
4週間／6週間

計画敷地：
東京都豊島区大塚

制作費用：
40,000円

進路：
東京大学大学院

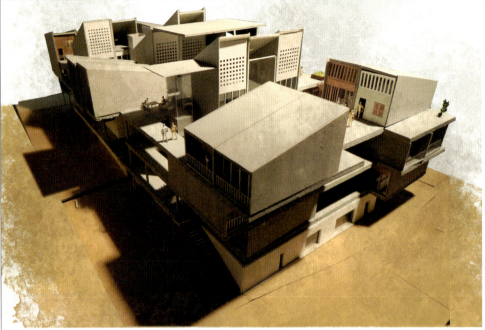

コミュニティの形

高齢者　不就学児童への教育　外国人
　　　　家事などの手伝い

施設利用者

高齢者と外国人がお互いの生活を支えあう。また、施設の運営を住民が行うことで家賃補助を行う。

住戸プラン

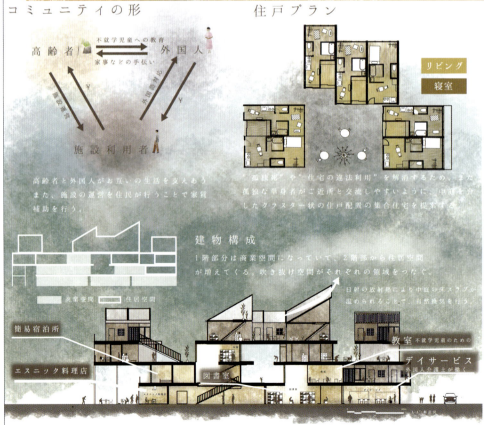

リビング
寝室

"孤独死"や"住宅の違法利用"を解消するため、また孤独な単身者がご近所と交流しやすいように、中庭を介したクラスター状の住戸配置の集合住宅を提案する。

商業空間　住居空間

建物構成

1階部分は商業空間になっていて、2階部から住居空間が増えてくる。吹き抜け空間がそれぞれの領域をつなぐ。

日射の放射熱により中庭シポスラブが温められることで、自然換気を行う

簡易宿泊所

エスニック料理店

図書室

教室 不就学児童のための

デイサービス 外国人介護士が働く

身体からの学び

人は空間に対して知覚的に身体を動かす事ができなくなっている。そこで五感を使うことで知覚的な行動を促し、人の心と体をつなぐ必要がある。日常の中に非日常的感覚を反映させる。これらの空間体験を通し自身の身体と空間の関係性を問い直すための宿泊施設を提案する。

佐藤 康行
Yasuyuki Sato

東京理科大学
理工学部 理工学部 建築学科
安原研究室

プログラム：
宿泊施設

構想／制作：
12 週間／ 1 週間

計画敷地：
東京都中央区日本橋
日本橋 1 丁目

制作費用：
約 10 万円

進路：
東京理科大学大学院

敷地は東京都中央区日本橋1丁目。2020年の東京五輪・パラリンピックを控え大規模開発が活発な東京駅東側近辺である。「日八京（日木橋・八重洲・京橋）」と呼ばれるこのエリアでは開発の計画が次々に発表されている。即物的に建設されていく空間に対し、人間がいかに身体と空間の関係性を問い直すことができるのかを探る。

手がかり

①身体の重心を意識した平衡感覚

身体を動きを意識する事によって生まれるバランスや座る、腰掛ける、寄りかかるといった動作が生まれるような空間を作り出す。岩場をバランスを取りながら進むように、、

②スケールの違いによる空間認識

同じものでも大人や子供、視点の位置によってモノの見方は変化する。大人にとっては机だが子供にとっては机の下は洞窟かもしれない。

③ストラクチャーの安定性

スラブを垂直方向に連続させ下層部分へ力を流す。これにより無柱空間が実現する。

ダイアグラム

構造的安定性 → 不規則なスラブ → 連続的なスラブ

断面図

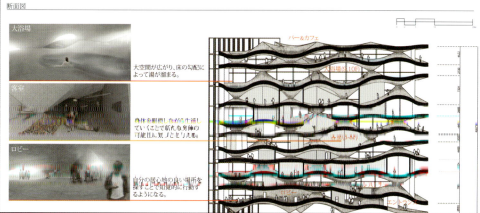

大浴場

大空間が広がり、床の勾配によって湯が溜まる。

客室

身体を観体しながら生活していくことで新たな身体の可能性に気づかせられる。

ロビー

自分の居心地の良い場所を探すことで知覚的に行動するようになる。

城となる家並み
―集い、働き、住まう現代の城―

かつて城は都市であり、仕事場であり、住居であった。城を失った城下町佐倉に、市民に親しまれる商店街の機能と形状を取り込んだ5層からなる「現代の城」を提案する。住民は日常として城に集い、食べ飲み語らう。求心力を持った町のシンボルは愛され、住み継がれてゆく。

米倉 春采
Haruna Yonekura

日本女子大学
家政学部 住居学科
篠原聡子研究室

プログラム：
集合住宅

構想／制作：
4年／8週間

計画敷地：
千葉県佐倉市新町
45

制作費用：
80,000円

進路：
東京大学大学院

コンセプト
牙城化が進む各個室を、家全体、まちに開いていく、求心力を持った「現代の城」としての大きな家を提案する。

全体としての「大きな家」としての　城

城の作り方①

採集したマド　　　　　設計へ

採集した窓ならではの暖かみを設計に織り込む

城の作り方①

茶色い屋根
(主に木や瓦)　黒い屋根
(主に瓦)　グレーの屋根
(主にコンクリートやトタン)　赤い屋根
(主に瓦)

採集した屋根素材からデザイン全体の親しみやすさを形作る

立面図

一階平面、配置

市民交流の本部

天守閣

観光客のための
佐倉案内本部

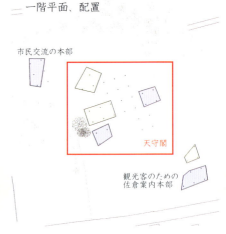

2層目

市民はだれでも利用の出来る大きなプレゼンテーションルーム

人が集まる公共の場は都市の機能を持つ

住居の機能
コモン空間

キッチンや水回りなどのシェアスペースをバッファーとし、都市の中に生活が溶け込むよう設計した

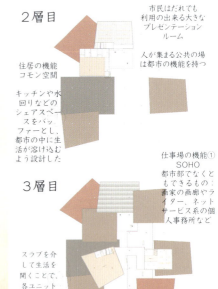

仕事場の機能①
SOHO
都市部でなくともできるもの：画家の画廊やライター、ネットサービス系の個人事務所など

3層目

スラブを介して生活を開くことで、各ユニットの機能を分け合える

仕事場の機能②
仕事場をシェア型

幾つかの企業が同じユニット内で仕事をするために貸すスペース。

最上層

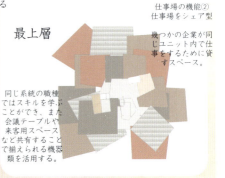

同じ系統の職種ではスキルを学ぶことができ、また会議テーブルや来客用スペースなど共有することで揃えられる機器類を活用する。

ズレから生まれる
更新住宅

街の基礎を提案する。SI住宅の分離手法は流動の激しい都市において様々な変化を受け止める。ティッシュを加え3つのレベルで再考したスケルトンは街の骨格となる。SI住宅の概念を更新する事はこれからの街づくりの1つの解となっていくだろう。

稲庭 香歩
Kaho Inaniwa

日本大学
理工学部 建築学科
佐藤光彦研究室

プログラム：
集合住宅、公園

構想／制作：
5週間／1週間

計画敷地：
東京都新宿区西新宿4丁目

制作費用：
100,000円

進路：
日本大学大学院

Concept Digram

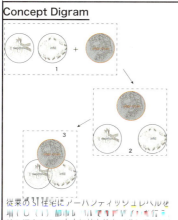

従来のSI住宅にアーバンティッシュレベルを増して（1）都市に住宅を作りつつ輸入概念をそのままに持ち込む（2）のではなく分離しながらも相互の関係を関連付け（3）ながら設計を行う。

Control . 1

躯体をまず都市レベルから構築する。既存の街における結節点を断片的に的積層。平面的な繋がりは断面的な操作へと転換される。

Control . 2

ここでのスケルトンはインフィルを支えるものとしての機能をもちフレキシブルにグリッド状で構成する。

Control . 3

短期間の居住者に対してカスタマイズできる選択性と一時的な隣人との関係を構築する為にガイド的壁を挿入する。

漁村の余白

漁村集落で栄えた木造密集地域の一角に見つけた空き地から、この島の風景が更新されていくためのきっかけを提案する。見た目を保存するのではなく、人々が風景を作っていくための余地を残すこと。

山内 裕斗
Yuto Yamauchi

プログラム：
集合住宅

構想／制作：
3ヶ月／3週間

計画敷地：
愛知県篠島

制作費用：
15万円

進路：
千葉大学大学院

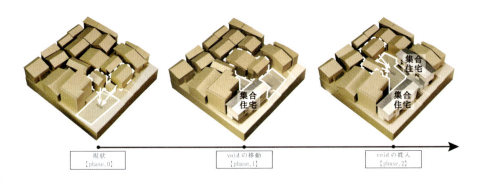

現状
【phase.0】

voidの移動
【phase.1】

voidの貫入
【phase.2】

proscenium 都市
- プロセニアム マーチ -

都市では絶えず人が行き交い、多くの人々が時と場を共有している。それにも関わらず人々の視線の先にあるのは皆んな揃ってスマートフォンである。科学技術の普及に伴い時と場を共有し生まれる生身の人間同士の関係は希薄になった。プロセニアムアーチで構成された都市空間を形成することにより人々の様々な関係が生まれ、都市全体の演劇性を増幅させる。この世界は役者に満ちており、都市とは人々の共同作品である。

「人生は舞台である。人は皆、役者。」 シェイクスピア

「この世は一つの劇場に過ぎぬ。人間のなすところは一場の演劇なり。」 クリソストムス

「我々は人生という大きな芝居の熱心な共演者だ。」 カロッサ

役者に満ちたこの世界。

都市とは人々の共同作品である。

―― proscenium　都市

山下 ジロ
Dyro Yamashita

日本大学
生産工学部 建築工学科
篠崎研究室

プログラム：
シアタースペース

構想／制作：
4ヶ月／1ヶ月

計画敷地：
東京都渋谷区神宮前

制作費用：
13万円

進路：
日本大学大学院

2つのものの関係をはっきりと隔てることで互いの関係を強めるプロセニアムアーチに着目した。プロセニアムアーチを介するその空間は日々何気なく見過ごしていた人生という一場の演劇を顕在化させ、そこに失われかけていた生身の人間同士の関係を再構築させる。

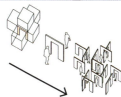

そのプロセニアムアーチを反復させることによって、見ていた私は見られている私に。刻々として観客と演者の関係は入れ替わり絡まり合い、次第に街へと広がっていく。いくつものレイヤーが複雑に重なり合ったこの場所は人々の生活を"劇"的に変えることとなる都市となる。

大聖洞

- 退屈な毎日の中心こそ -

駅は多様な人々が1点に交わる毎日の中心。哀しくも人はスマホ片手に行進し、物語が生まれることはなかった。駅は機能部の面積と引換えに裏側に壮大な洞を作り出した。宗教性を捨てた大空間で人々は祈った。ポシェの向こう側に足を踏み入れたら退屈な毎日は変貌する。

黒田 京佑
Keisuke Kuroda

東京理科大学
工学部 建築学科
宇野研究室

プログラム：
駅 (鉄道)

構想／制作：
5 週間／4 週間

計画敷地：
東京都荒川区
西日暮里二丁目

制作費用：
5 万円 + 食費

進 路：
東京理科大学大学院

反転するにぎわいは都市の風貌を変える

建築内でのアクティビティは内部で完結しており、ファサードによって外部と遮断されている。都市に対して閉じてしまったファサードという殻を建築内部に折り込んでみる。すると建築の中心でのアクティビティは外部に表出し、内外が反転する。渋谷ハチ公前交差点に隣接する一角に商業施設を提案する。渋谷の賑わいが建築のファサードを通して内部に入り、建築と都市が一体となる。

堀田 昌宏
Masahiro Hotta

日本大学
生産学部 建築工学科
岩田研究室

プログラム：
商業施設

構想／制作：
15 週間／3 週間

計画敷地：
東京都渋谷区宇田川町 21－1

制作費用：
160,000 円

進路：
アトリエ系建築設計事務所

内外を隔てるファサードを取り除く

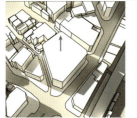
都心にある建物は敷地境界線をオフセットさせ、そのまま垂直に立ち上げている。

内外との関係は遮断されたままなので、建築の中心に向かってファサードを折り曲げてみる。

中心に近づくにつれスラブを階段状にへこませることで、上階でも外部との繋がりが生まれる。

表出するにぎわい

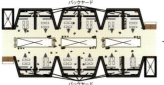

今までの商業施設は壁に囲われた店舗は廊下にしか開いておらず、廊下を歩いている人しか商品を見ることができない。
壁とバックヤードを反転させ、ガラスの外皮で囲うことで今まで建築内で起きていたアクティビティは外部にさらされる。

建築のほとんどが広告

建築は床、柱、ファサードで構成されている。ファサードは広告として扱われていることが多い。では残っている柱と床にも広告をとりつける。

ファサードに取り付けられている広告は建物外へ発信される。

柱は地面からスラブを突き抜けて上階まで広告が流れる。別階でも他の店舗の情報を知ることができる。

床の側面には電子広告が回っている。外部から見上げると各階の情報を知ることができる。

人の営みが垣間見える立面

それぞれ違うアプローチの仕方があり、入る場所によりシーンが変わってくる。階が上がるごとに階高も上げることで、高くなるにつれファサードの表面積も増えるのでより遠くに発信でき、大きい広告が獲得できる。

空白

千葉市はいま、中心市街地の空洞化が問題となっている。そこで駅と商店街につながりをもたせることを提案する。街中に存在する「4つの空白」にスポーツ施設を中心とした複合施設をはめ込み、街中に人の流れを作り出す。形を持たない建築により、つながりを持った千葉の街は、次第に色づき始める。

秋元 詩穂里
Shiori Akimoto

昭和女子大学
生活科学部 環境
デザイン学科
田村圭介研究室

プログラム：
スポーツ施設

構想／制作：
5週間／3週間

計画敷地：
千葉県千葉市の千
葉駅周辺

制作費用：
40,000 円

進路：
組織意匠設計

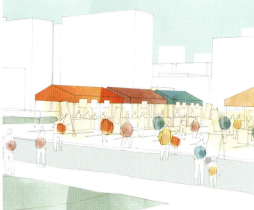

シェアの重層

シェアハウスの共用部を建物単体で留めずに街まで広げて考える。壁を重層させるという図式を用いて街から居室までの領域を壁のレイヤーごとに分け、さらに素材や開口によって領域が曖昧になることで街から居室までの動線に様々な行為が溢れ出すような空間をつくった。

宝迫 嘉乃
Yoshino Housako

日本大学
理工学部 建築学科
佐藤光彦研究室

プログラム：
シェアハウス

構想／制作：
12 週間／ 2 週間

計画敷地：
東京都武蔵野市吉
祥寺

制作費用：
6 万円

進路：
日本大学大学院

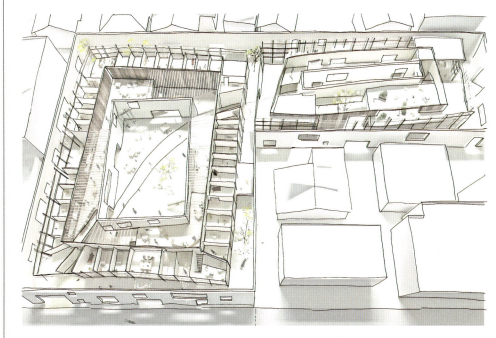

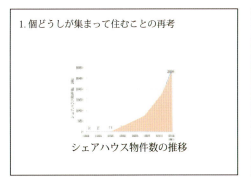

1. 個どうしが集まって住むことの再考

シェアハウス物件数の推移

2. まちの共用部を取り入れる

住民の帰宅動線

シェアハウス

まちの共用部

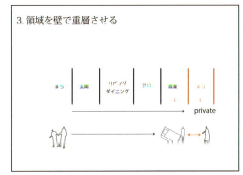

3. 領域を壁で重層させる

private

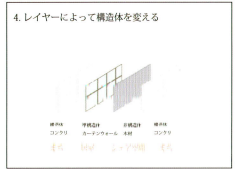

4. レイヤーによって構造体を変える

都市に脈打つ駅
- 溶ける境に芽吹く街 -

明治 35 年東武伊勢崎線は開通した。墨田区北部を走る線路は生活を断絶する境界となっている。街は踏切でしか混じり合えない。断たれた街は更に縮小し、画一化された街となる。墨田をつなぐ共同体としての線路に付随した水路を計画し、街を面として循環させる駅を建築した。

永冨 快
Kai Nagatomi

日本大学
理工学部 理工海洋建築工学科
佐藤信治研究室

プログラム：
駅

構想／制作：
6 ヶ月／ 6 週間

計画敷地：
東京都墨田区墨田

制作費用：
12 万円

進路：
日本大学大学院

東京都墨田区墨田 - 鐘ヶ淵駅 -

生活の中心にあるはずの場所に人はいなかった。

何もなかったはずの景色に街の色がみえる。

断たれた街は再びつながり、団結した都市となる。

無窮洞
- 戸尾防空壕更新計画 -

第二次世界大戦の際に掘られた防空壕が戦後、闇市を経て、現代に商店街として残されてきました。時代の流れに揉まれながら度重なる変化を続け、日常の延長となる遺構として、戦争を後世に伝える役割を果たしてきた防空壕を、人々の生活に根ざした遺構として残すために提案します。

山下 麟太郎
rintaro yamashita

千葉大学
工学部 建築学科
伊藤潤一研究室

プログラム：
複合公共施設

構想／制作：
9週間／3週間

計画敷地：
長崎県佐世保市市
戸尾町

制作費用：
15万円

進路：
千葉大学大学院

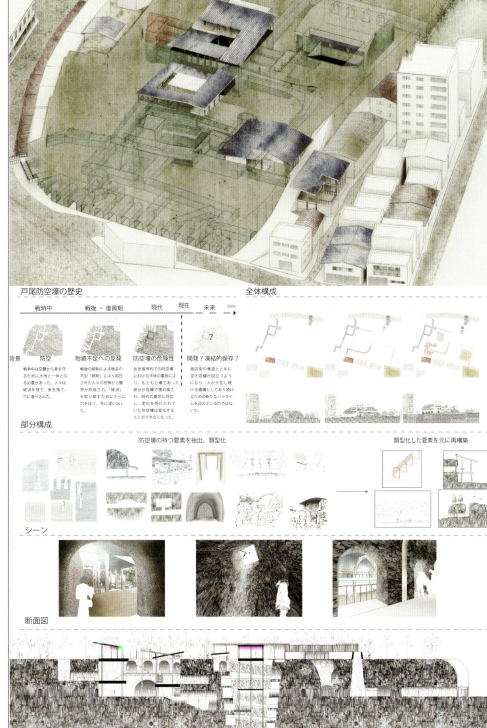

戸尾防空壕の歴史

戦時中　戦後・復興期　現代　現在　未来　time

背景　防空　物資不足への反発　防空壕の危険性　開発？凍結的保存？

戦争中は空襲から身を守るために大地と一体となる必要があった。人々は経済を捨て、家を捨て、穴に潜り込んだ。

戦後の統制による物品の不足「統制」により闇市が形成され、「経済」を取り戻すためにさらに穴をほり、外に這い出した。

佐世保市での防空壕における子供の事故により、もともと壊であった部分が瓦礫で埋め戻され、時代の要求に対応し、変化を受け入れていた防空壕は変化することができなくなった。

商店街の衰退とともに空き店舗が目立つようになり、人が介在し続ける遺構としてあり続けるための新たなパラダイムを迎えているのではないか。

全体構成

部分構成

防空壕の持つ要素を抽出、類型化

類型化した要素を元に再構築

シーン

断面図

産業の景色

漁業という"産業"が抱える日本全体の問題
漁業を"生業"とする石巻が抱える固有の問題
そしてそれらの持つ"活力"と"可能性"
全てを孕んでこの建築は真に"ランドスケープ"となる

平尾 しえな
Siena Hirao

東京工業大学
工学部 建築学科
塚本由晴研究室

プログラム：
商業施設

構想／制作：
6ヶ月／2ヶ月

計画敷地：
宮城県石巻市中瀬

制作費用：
約 15,000 円

進路：
東京工業大学
大学院

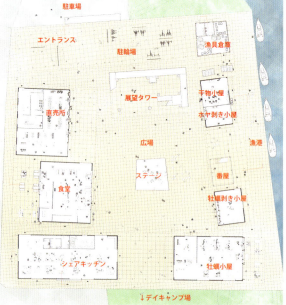

漁師・地元住民・観光客が共有する空間として、中瀬に新たな水産の拠点を作る。
地元の漁業に見られるモノ・ヒトの関係性や、実際の作業から建築を作る。モノとヒトが出会う場所や、ヒトとヒトが出会う場所、生業を支える形を落とし込んで行く事で、水産業は景色そのものとなる。

全国的に見た産業のリサーチと、それを反映したケーススタディの敷地となる石巻のリサーチを掛け合わせていく。

地域住民が集う場所

生産者と消費者が対面する新たな水産業のあり方

日常的に海・川を望む避難学習の場

産業や生活を観光資源にする

漁業拠点であった中瀬の歴史を更新し継続させる

産業の箱舟
landescape

何千年も前から世界全体に存在している"造園"という業種。地域ごとに異なる植物、技術が継承されている。こんなにも多様性に溢れているのに多くの人が興味を持たない。持つ機会がない。今回は大質量、大容量という植木に対して江戸時代から受け継がれる船輸送を見直し、その輸送を生かして植木産業の魅力を感じられる産業風景の場を作る。

鈴木 悠介
Yusuke Suzuki

千葉大学
園芸学部 緑地環境学科
庭園デザイン研究室

プログラム：
流通兼試験施設

構想／制作：
12週間／12週間

計画敷地：
東京都江東区新木場

制作費用：
5,000円

進路：
千葉大学大学院

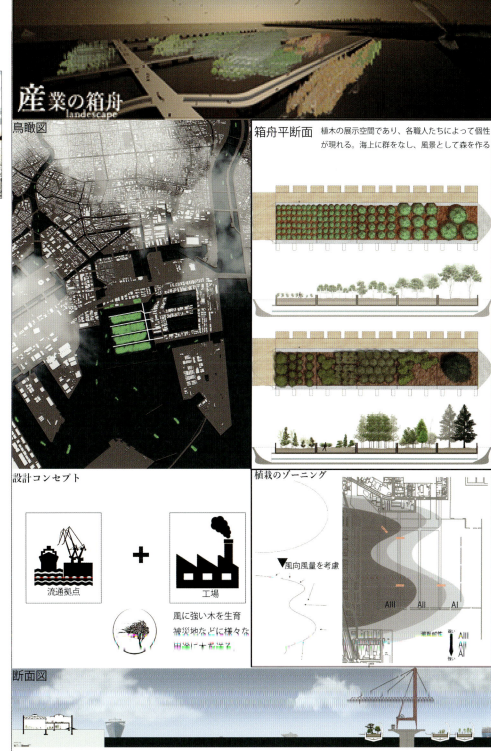

鳥瞰図

箱舟平断面　植木の展示空間であり、各職人たちによって個性が現れる。海上に群をなし、風景として森を作る

設計コンセプト

流通拠点　＋　工場

風に強い木を生育
被災地などに様々な
用途に木を送る

植栽のゾーニング

▼風向風量を考慮

AIII　AII　AI

植面積性
　　　AIII
　　　AII
強い　AI

断面図

感覚装置

マレーヴィチの絵を見たとき図面やパースに見えた。マレーヴィチの絵と建築には何か関係があるのではないかと考えマレーヴィチの絵から建築を試みた。マレーヴィチの絵画構成を空間化すると "感覚装置" となる建築が得られることを見出し、それらを都市においてみた。

西田 安希
Aki Nishida

千葉大学
工学部 建築学科
岡田研究室

プログラム：
なし

構想／制作：
3 週間／ 2.5 週間

計画敷地：
東京都赤坂見附外
濠、弁慶濠／都営
地下鉄三田線、芝
公園駅

制作費用：
15 万円

進路：
未定

感覚装置

SHADOW REMIX SCHOOL
- 超高層建築群
の北側で -

西新宿に築かれたコンクリートの人工山__超高層建築群は、低層建築群との間に、スケール・用途・雰囲気などの様々な乖離を引き起こし、北側に大きな影を落とす。
そんな超高層群北側の都市の歪みのような敷地に、影の状態を捉え、低層と超高層をつなぐような場としての生涯学習施設を提案する。

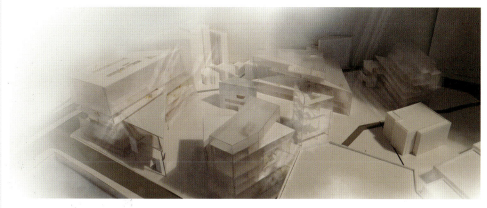

尾藤 勇志
Yushi Bito

東京理科大学
工学部建築学科
郷田研究室

プログラム：
生涯学習施設

構想／制作：
4週間／4週間

計画敷地：
東京都新宿区
西新宿5丁目

制作費用：
100,000円

進路：
東京理科大学大学院

【敷地__東京に築かれた人工山の北側ふもと】

【提案__西新宿の生涯学習施設】

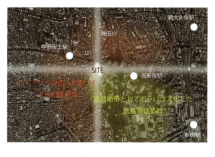

【ダイアグラム__影の状態を捉え、多様な場を】

1) 影の多い領域少ない領域を可視化
　敷地におちる影（春（秋）夏冬 08:00~16:00）を 30min 毎に重ねる。

2) 1) を元に光と影の状態を捉えながら建築を生成していく

周辺の超高層建築群
　が生み出す淡い影（A）

その影を読み取り、導かれた形態
　がさらに生み出す濃い影（B）

（A）（B）のつくる光と影の状態に合わせて
　間隙を縫うように構成される塔

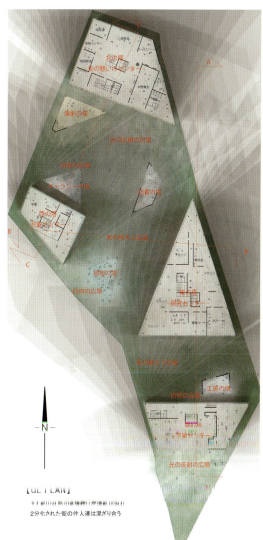

【SITE PLAN】

2分化された街の住人達は混ざり合う

結い留める水田
- 農業土木と建築土木と人、山 -

千葉の名勝、大山千枚田。東京から最も近く美しいこの棚田の裏山には、地すべりの危険性がある。荒廃されゆく棚田と地方、農林業を守るためには、都民とつながりのあるこの棚田を守る必要がある。この提案では町の安全を確保するためのハザードマップから山留め、擁壁と棚田をかけ合わせた配置に自然学習防災拠点となる建築を設けることで、山と人を繋げる提案である。

蒲生 良輔
Ryosuke Gamo

日本大学
理工学部 海洋建築工学科
佐藤信治研究室

プログラム：
自然学習防災拠点

構想／制作：
12週間／8週間

計画敷地：
千葉県鴨川市平塚
540

制作費用：
50,000円

進路：
日本大学大学院

農業と自然と土木と建築が結い留められるかたち。

歴史と棚田建築　水と棚田建築　風と棚田建築　生き物と棚田建築　空と棚田建築

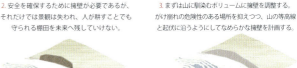
山の起伏に呼応する大屋根と棚田に連続するスラブ、はさがけのルーバーが風景に馴染む立面を創り出す。

建築構成

1. 崩れる危険のある裏山。全面は駐車場である。裏山は荒れており、棚田に危険が迫る。

2. 安全を確保するために擁壁が必要であるが、それだけでは景観は失われ、人が耕すことでも守られる棚田を未来へ残していけない。

3. まずは山に馴染むボリュームに擁壁を調整する。がけ崩れの危険性のある場所を抑えつつ、山の等高線と起伏に沿うようにしてなめらかな擁壁を計画する。

4. 人手で守られる風景である棚田には、土木でなく建築的空間を設える。擁壁をより軽く建築化するために袖壁という建築要素で支える。

5. この場所を守る人物である農林業者の営みと、がけ崩れの応力を分散する方向に合わせて袖壁の軸線を決め、ゾーニングする。

6. 棚田と裏山と連続するような高さに袖壁を構成することで風景に馴染むボリュームを作り出す。

7. 調整された袖壁と擁壁にあわせてスラブを設け、風景と農林業に呼応する場所を作り出す。

8. ファサードに農業と呼応する稲を干すためのルーバーや林業に呼応するために間伐材を利用した空間を設える。また擁壁を基準に屋根の起伏を作り上げることで風景に馴染む建築が立ち現れる。

協奏する
ショッピングウォール

現在、地方都市に多く見られるようになったショッピングモール。
これらがもたらす均質な購買体験と単調な空間体験に疑問を感じる。
一方、人が多く集まる現状に公共空間としての可能性を感じる。
これからの地方都市における新しい買い物の仕方とそのビルディングタイプ
を提案する。

河鰭 公晃
Kinteru Kawabata

東京理科大学
理工学部 建築学科
安原研究室

プログラム：
商業施設

構想／制作：
8 週間／ 3 週間

計画敷地：
愛知県刈谷市

制作費用：
100,000 円

進 路：
東京理科大学大学
院

01. ショールミングストアの可能性

小売店で確認した商品をその場では買わず、ネット通販にて購入することを『ショールミング』
という。体験に重きをおいたショールミングストアは、今までの購買体験とは異なる体験を起
こすきっかけになる。

03. 平面ダイアグラム

既存のショッピングモールを参考に
ショールミングに適した 6 ジャンルを
選定する。これらをベースに建築を考
える。

02. 空間コンセプト

今までのテナントは、
テナント同士の関係性が薄かった。

それぞれの壁が関係性を持つよう
レイヤー状に壁を構成する

壁に機能を持たせ空間を構成する。
間の空間は共有の買い物空間となる。

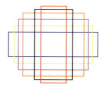

左右に伸ばし、
多様な関係をつくる

できた余白でさまざまなジャンルの関係性を作り
偶発的なものとの出会いを生む。
体験に重きをおいたショールミングストアならではのものとの出会い方

敷地から導いた外形に
合わせてさらに織り込み、
大きさの異なる
空間を作ることで
様々なアクティビティに
対応する

暮らしを彩る
路地の家

イタリアのシエナに行った。そこでは人々の生活が都市に現れ豊かな日常風景をつくりだしていた。気候も地形も文化も違う敷地でそんな風景を集合住宅によってつくることを目指した。巻きつく立体路地には住民たちの小さな生活行為が表出し、多彩に彩られる暮らしが豊かな風景を生む。

筒井 祥平
Syouhei　Tsutsui

日本大学
生産工学部 建築学科
篠崎研究室

プログラム：
集合住宅
構想／制作：
6ヶ月／1ヶ月

計画敷地：
東京都　墨田区
太平1丁目
制作費用：
10万円

進路：
日本大学大学院

1 SITE

2 PLAN

3 DIAGRAM

敷地は墨田区太平1丁目。碁盤目状の区画が並び、低層アパートや戸建て住宅が立地しています。密集した区画に沿って入るような心地よいスケールの路地がある。

住戸のタイプは大きさの異なる3種類があり、一つのタイプに一人か二人住むことを想定します。全てのタイプにパブリックな外部空間とプライベートな外部空間の2種類の異なる外部空間を設けました

路地や屋上のような、人の日常的な暮らしより駆かなます、外部空間を各住戸が隣の住棟と関係を持つことで、上下階だけでなく水平方向にも意識が向いてゆく

14棟の住棟がいろんな場所で絡み合い関係を生む

路地は住戸と住戸を結ぶリビングになる

住棟が連続し、関係が生まれる

大船渡の方舟

私は大船渡に船の建築を提案する。東日本大震災後、このエリアではプレハブの商店街やライブハウスなど様々な試みをしてきたにもかかわらず活気が戻らず閑散としている。さらに14mの高さの防潮堤が建設中であり、わたしは海の見える街を守っていきたいと考え、防潮堤の代替案として海上に住まいことを提案する。これがきっかけでエリアに活気を取り戻せるだろう。

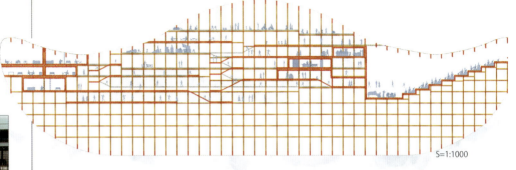

S=1:1000

熊谷 新太郎
Shintaro Kumagai

東京都市大学
工学部 建築学科
手塚貴晴研究室

プログラム：
複合施設

構想／制作：
3ヶ月／1週間

計画敷地：
岩手県大船渡市大
船渡町沿岸部

制作費用：
100000 円

進 路：
東京都市大学大学
院

■敷地 (震災直後の大船渡駅周辺の様子)

大船渡町は住宅だけを数えても 1238 戸が大きな被害を受けた。さらにこのエリアには人々の集う商店街があり、毎年大きな花火大会も行われていた。しかし現在は流出した部分のほとんどが使われていない。大船渡湾は岩手県最重要港湾であり、大型クルーズ船を迎え入れることも可能な良港である。

この船は、幾つかの用途を想定している。一つは大船渡港に滞在し、街の中心となる役割。もう一つは、一つ目の役割を果たし大船渡に活気が戻った時、震災の記憶と復興の象徴として日本を巡る役割である。すでに被災していない人々にとっては東日本大震災は遠い記憶となってしまっているが、わたしはこの震災を忘れないためにもこの船が必要であると考える。

■基準階平面図

船内部の構成は、被災エリアの再構築ということをこころがけながらも人々の利用率が高まるプログラムを追加した。

横軸に商店街を配置し、各船頭部に、ギャラリー、ホテル、銭湯、シアター、図書館を配置した。

人が在中する船であるので、積層していながらも最下階まで光が落ちるようスラブを配置した。

■模型写真　パース

■全層のスラブの重なりによる光と影のイメージ図

S=1:20

三尺帯
都市と建築を繋ぐすき間

世田谷区上町にあるボロ市。
この地には市の本質と過去から現在への建築の「変化」があった。
かつて市の本質であったサイクルをプログラムとして内包させながら
この場所でもう一度建築と市の関係性を再考し、日常的に宿場町時代
の賑わいを取り戻す様な公共空間を提案する。

奥山 香菜子
Kanako Okuyama

法政大学
デザイン工学部建築学科
岩佐研究室

プログラム：
公共施設

構想／制作：
9 週間／ 5 週間

計画敷地：
東京都世田谷区
上町ボロ市通り

制作費用：
50,000 円

進路：
日本女子大学大学院

市の本質と建築の変遷

ボロ市の本質であったサイクル

都市の廃棄物 → 補強・修復・加工 → 再生

価値の低下 　技術・習慣 　価値の上昇

建築と市の関係性の消失

地割り → 三尺空間の誕生 → 三尺空間の消失

三尺×六尺で
品を広げる　市の為に
私有地を貸し出す　看板建築の挿入
により失われた

提案　三尺の厚みのある看板建築を持った7つの空き店舗の改修

看板建築　新たな三尺
壁
床
既存

今までの空き店舗　　新たな三尺空間の挿入

都市
建築

三尺空間が都市と建築を結びつける接着剤となる

プログラム

ボロ市通りに現在ある
商店と関わり合いなが
ら7つの空き店舗に
プログラムを展開して
いく。

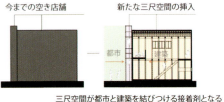

解体ー収集ー加工（町の人々と）ー加工（職人による）ー伝達ー共有ー発信

足裏の記憶

階段を降りて出会った場所では穏やかな時間が流れ、目線を上げて見える高層建築の世界と無関係に並びあうこの土地に不思議な感覚を覚えた。この体験を生み出す斜面が顕在化されたら面白いと思った。身体的な記憶から多世代コミュニティーが始まる、集合住宅のような新たな街を提案する。

田丸 明日香
Asuka Tamaru

日本大学
生産工学部 建築工学科
渡辺研究室

プログラム：
街の再構築

構想／制作：
5ヶ月／1ヶ月

計画敷地：
東京都文京区
本郷4丁目

制作費用：
3万円

進路：
日本大学大学院

歩いていても気づかないゆるやかな坂、見えがくれしてしまう急な上り坂、コワコワと流れこぼれてしまう急がしいのぞき込むと自身の秘密を共有したような気分になった。

階段を降りて出会ったこの場所では穏やかな時間が流れ、目線を上げて見える高層建築の世界と関係を…

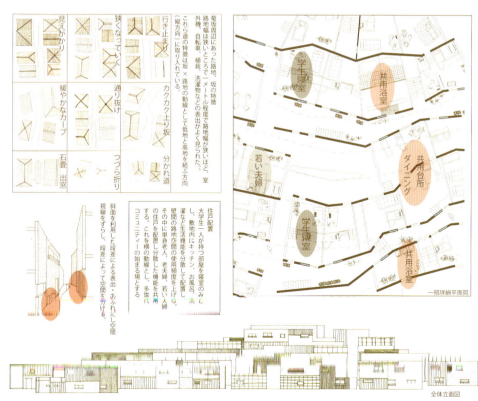

菊坂周辺にあった路地、坂の特徴、路地幅が狭いところで一メートル程度で路地幅が狭いほど、外機、自転車、植栽、洗濯物などの表出がよく見られた。これら道の特徴は坂×路地の動線として低地と高地を結ぶ方向（縦方向）に取り入れている。

行き止まり

狭くなっていく　　カクカク上り坂

緩やかなカーブ　　通り抜け　　分かれ道

見えがかり

石畳　出窓　　つづら折り

斜面を利用した段差による表出・あふれ出し空間
視線をずらし、段差によって空間を分ける。

住戸配置
大学生一人が持つ部屋を寝室のみとし、敷地内に共用としてキッチン、お風呂、洗濯など生活機能を分散して配置し壁間の路地空間の使用頻度を上げる。その中に単身老人、老夫婦、若い夫婦の住戸を配置し分散した機能を共有する。これを横の動線とし、多世代コミュニティーの始まる場とする

学生寝室
共用浴室
若い夫婦
共用台所ダイニング
学生寝室
共用浴室

一部詳細平面図

全体立面図

「っぽさ」の再編集

生活空間が侵食され大衆向けに整備された町並みが「テーマパーク的」と揶揄される現在、地域の価値はどこに見るのか。それは日々のささやかな振る舞いの中にある風景の中に見いだすものなのではないか。本計画では、川越祭りのための空間を日常的に使用できるハブとして町中に還元していく。
観光地化によって「っぽさ」を纏った川越の町並みの本質を再考し、編集する。

市ノ川 貴之
Takayuki Ichinokawa

日本大学
理工学部 建築学科
田所研究室

プログラム：
地域拠点施設

構想／制作：
3ヶ月／2週間

計画敷地：
埼玉県川越市

制作費用：
10万円

進路：
日本大学大学院

「っぽさ」を纏う風景

観光地化により「川越っぽさ」を纏った風景の中に見られる要素を用い設計に適応させる。「川越っぽさ」を想起させる要素として、町を歩きながら右図に示す135枚の写真を撮影した。
その中には決して良いものばかりが写っているわけではない。当たり前の風景が当たり前にそこに写されている。しかし、それは確実に川越の風景である。しかしどれも固有の空気感である「っぽさ」を纏っている。それは素材感から来るのか、色味から来るのか、日々の生活の中で刻まれた記憶の上で得られるものか。

町家形式のパッケージ化

近年に川越の中心市街地で見られるまちづくりの動きでは、蔵造りや木造の伝統的な町家形式を表面的に模倣している。これは町家形式をパッケージ化する行為であり、固定化した歴史性の産物と言える。固定化した歴史性によって生み出されるパッケージ化された町並みはその後の発展を抑圧し、歴史の後退を示しているばかりなのではないか。

膜により構成される拠点の離散

川越に溢れる町家形式のパッケージ化に対して入れ子状に覆い、さらに皮膜として三次曲面の屋根とポリカーボネートによる外壁を付加する。
山車のスケールは本来の伝統的な町並みに対してはオーバースケールとなっている。山車に対応するための新たなスケールを与えるための立体格子が空間を細やかに仕切っていく。さらに皮膜を与えることで地縁から一次的な乖離を表明する。

地域の新たな拠点として一つの建築を定義したのちに、川越の町に存在する空隙を埋めていくように離散する建築を計画する。これらの空間は共通のモチーフとしての膜を有し、緩やかな境界を町に付与する。
これらが挿入されることにより生活の場と観光の場を結び止め、川越が新たな全体性を獲得していくための一助となる。

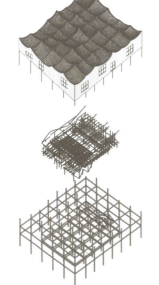

共助する異文化

産業教育を介した
難民教育施設の提案

日本における難民認定数は、先進国中では圧倒的に低い認定率である。しかし、産業の現場の大多数では、技能実習生として外国人が不当な労働をさせられている。外国人を「労働力」としかみていないのである。労働力としてだけではなく、浦賀の産業を介した地域との交流による難民教育施設の提案。

佐々木 秀人
Sasaki Shuto

日本大学
理工学部 海洋建築工学科
佐藤信治研究室

プログラム：
難民教育施設

構想／制作：
１０か月／２か月

計画敷地：
神奈川県横須賀市
浦賀

制作費用：
１０万円

進路：
日本大学大学院

01 背景　労働力としてでしか見られない難民

難民としての受け入れではなく、労働力としての外国人受け入れが社会問題へと発展している。

長野県南佐久郡川上村
外国人労働者による
過酷な労働

広島県江田島市
外国人労働者の
語学能力低下による
殺人事件

日本全国
外国人技能実習生の
過酷労働による失踪

fig.1 日本における難民認定者の割合
（グラフ凡例：難民申請者数、認定者数、＊人道配慮、＊人道的理由から在留が認められた人）

02 敷地選定　造船業によって栄えた開国の街

神奈川県横須賀市浦賀町

開国の街として知られるこの町は、造船業を営んできた廃工場が街の中心にある。稼働していた時代は街の中心であったが、現在は街の裏側となってしまっている。

街の中心である廃工場を、難民と地域の交流の拠点となる難民教育施設として計画する

03 基本計画　労働力としてでしか見られない難民

難民のための産業教育施設が、街の公共施設として使われることで
地域と難民をつなぎ合わせる建築

[難民と地域の
　かかわり方]

[難民の視点]

二次産業教育施設

↓

[住民の視点]

街の自動車工場

[建築の細分化による関係]
街の中心地へ近いほど生まれる建築の余白が難民と地域をより密接に関係させる。

街の中心からの距離に従って、建築が細分化され、余白を生む。

[入居年数ごとに変わる産業教育]
入居年数が長くなるにつれて、より人とかかわる３次産業へとシフトしていく

入居年数が長くなるにつれて、学ぶ産業が変わる。

■ 建築計画　労働力としてでしか見られない難民

浦賀船渠跡に残る廃工場を
街の大屋根として再利用

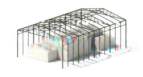

外的要因に即した
セットバックの量の変化

水産加工場　自動車整備　商店の経営

建築の規模　建築の規模　建築の規模
　大　　　　　中　　　　　小

外壁のセットバックによる
教育のスケールへの縮小

こいのぼりの倉庫

晴天の青空、こいのぼりは頭上を優雅に泳ぐ。
日本有数の生産量、希少な手描き製法、世界最大のジャンボこいのぼり。こいのぼりを日本一誇れる地に、こいのぼりの為の倉庫を設計する。内部はこいのぼりによって空間は仕切られ、外観は時代が進むにつれて町並みに近づく。

大澤 祐太朗
Yutaro Osawa

東京理科大学
理工学部 建築学科
岩岡竜夫研究室

プログラム：
展示施設

構想／制作：
2ヵ月／1週間

計画敷地：
埼玉県加須市

制作費用：
60,000 円

進路：
東京理科大学大学院

Concept

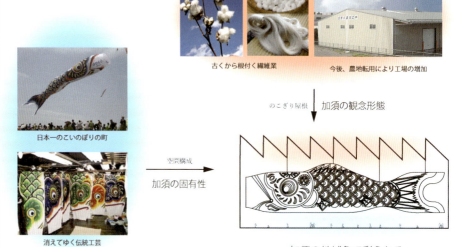

日本一のこいのぼりの町

消えてゆく伝統工芸

古くから根付く繊維業

今後、農地転用により工場の増加

空間構成
加須の固有性

のこぎり屋根　加須の観念形態

加須の地域色で彩られる

Zipper City

かつて線路として使われていたが、現在は「都市の空白」として存在する全長3kmの敷地。周辺住宅が背を向け合う都市の裏側に、バラックの可変性と自力建設の可能性を生かして「Common Space」を仕掛ける。地域を分断し、背を向けられていた場所が新しい出来事に満ち、まちを編み、まちを繋げていく。

井上 愛理
Miri Inoue

実践女子大学
生活科学部 生活環境学科
空間デザイン研究室

プログラム：
住居 宿 市場から始まる

構想／制作：
8ヶ月／7週間

計画敷地：
東京都調布市

制作費用：
30,000円

進路：
首都大学東京大学院

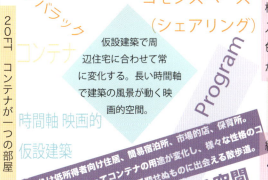

簡易宿泊所

低所得者向け住居

コンテナの中だけで完結するのではなく、市場のように領域や賑わいが外まで伸びる。

味の素スタジアムでオリンピックが行われるのに伴い、バックパッカーが宿泊するユースホステル的なトラベラーズイン。

ひとり親世帯の貧困が世界で最も深刻な日本。シングルマザーなどが住む。

現在は立ち入り禁止で、性格付けのされていない「都市の余白」。周辺住宅は線路跡地に背を向けて建てられているので、「裏の空間」として構成されている。

市場的店

都市の裏側

全長3km 　東京都調布市で京王線地下化によって地上3kmの線路跡地が発生した。

周辺の建物の要望を線路跡地まで伸ばし、利用者と地域の人の共有場とする。Zipper City の建物をシェアバラックと呼ぶ。

シェアバラック

コモンスペース（シェアリング）

コンテナ

20FT コンテナが1つの部屋

仮設建築で周辺住宅に合わせて常に変化する。長い時間軸で建築の風景が動く映画的空間。

様々な場所から出入りができるので、色んなストーリーが生まれる。

時間軸 映画的

仮設建築

Program

経路 アメーバ

バラック（計画）

線路跡地だけでなくアメーバのように周りに寄生しくまちを繋げる。

はじまりは低所得者向け住居、簡易宿泊所、市場的店、保育所。街や人々の事情によってコンテナの用途が変化し、様々な性格のコモンスペースが地域に広げる。予期せぬものに出会える散歩道。

セミラティス空間

バラックの可変性と自力建設の可能性を生かす。バラックとは非計画だが、敢えて計画へ反転する。背を向けた周辺の建物の要請を汲み取りコモンスペースを創る。周辺の声を聞く事がバラックの出発点だからだ。

立体住車場

今後、ガソリン車がなくなり電気自動車などが主流になってくる。車が変わってくると、駐車場も変わってくる。人口減少によって車の保有率が減ると、立体駐車場の需要も減る。その減った部分に新しい機能を寄生させていく。様々なストーリーが立体駐車場内で起こってくる。商業施設などが入り、行きたい場所の前に停めることが出来る。増減築が可能でファサードには時が現れる。

坂本 峻
Ryo Sakamoto

東京都市大学
工学部 建築学科
手塚研究室

プログラム：
複合施設

構想／制作：
3ヶ月／3週間

計画敷地：

制作費用：
15万円

進路：

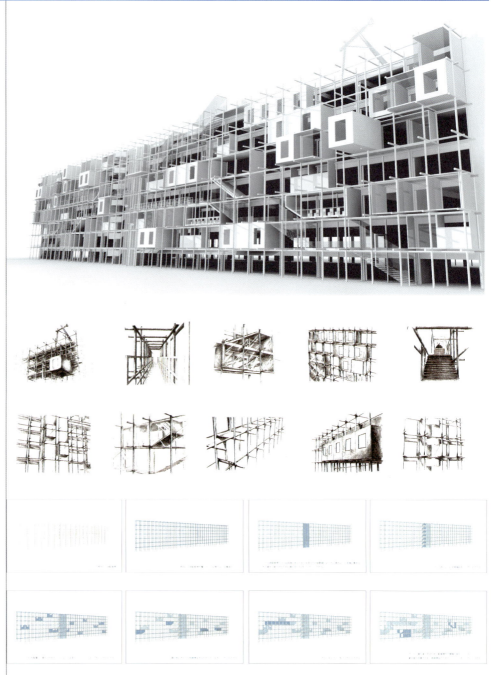

上野カルテット
―浮島の美術館―

敷地には上野公園の西側に立地する不忍池の蓮池を選定した。かつて不忍池の弁天堂は浮島であり、その周り一面には蓮池が広がっていた。しかし時代とともに池は利便性を求められ、現在の姿に変えられてしまった。現在都市の裏側となっているこの場所に美術館を設計する。そこは現実世界から少し離れた思考の場。不忍池の水空間と訪れる人々との新たな関係を築く。

村岡 祐美
Yumi Muraoka

日本大学
理工学部 建築学科
今村研究室

プログラム：
美術館

構想／制作：
2ヶ月／1週間

計画敷地：
東京都台東区上野

制作費用：
30,000円

進路：
日本大学大学院

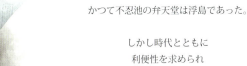

かつて不忍池の弁天堂は浮島であった。

しかし時代とともに
利便性を求められ
池は姿を変えられてしまった。

現在都市の裏側となっているこの場所に
美術館をつくる。

そこは現実世界から少し離れた思考の場。

不忍池と訪れる人々との
新たな関係を築く。

全体構成
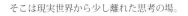
「闇から光へ」
池の底から蓮池の水面までを導く。

断面構成
「光軸と垂れ壁」
光軸と垂れ壁よって地下空間に光を取り込む。光を取り込むための壁は水面から顔を出し、蓮池の周りの遊歩道を歩く人に建築の存在を予感させる。

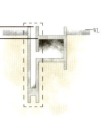

荘だ、大森に住もう。
－高橋荘の孫が提案する「荘」の未来－

祖父が所有する築約60年の高橋荘は、大田区大森西にある木造の一軒家で、現在は賃貸となっている。空室の目立つ荘を復活させるため大森西に点在する荘を改修し、高橋荘を拠点とした住民と民泊の荘ネットワークを提案する。銭湯通いが日常の「地域依存型」な特色を生かし、賃貸に加え大田区の要素を点在させ、住民と宿泊者は荘を行き来することで大森での生活を充実させる。

高橋 和佳子
Wakako Takahashi

日本女子大学
家政学部学部 住居学科
篠原聡子研究室

プログラム：
賃貸・民泊

構想／制作：
4か月／1か月

計画敷地：
東京都大田区
大森西

制作費用：
50,000 円

進路：
日本女子大学
大学院

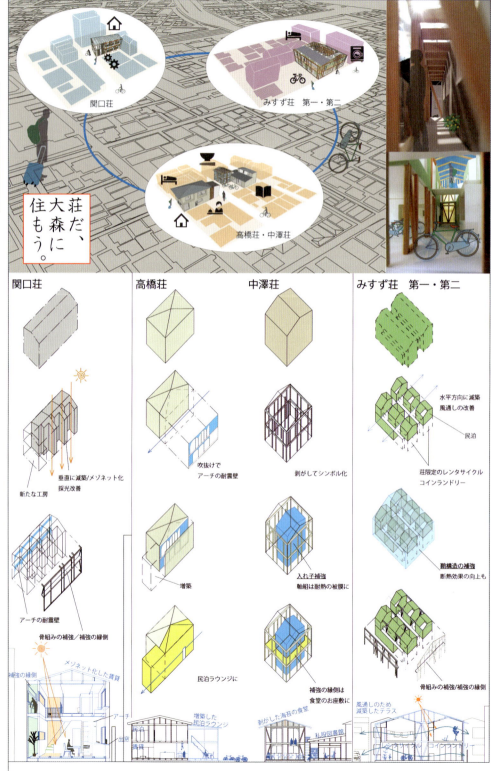

Hiroshima Peace Museum

平和文化都市ヒロシマ、懸命な復興により立ち直ったこの地は、原爆ドーム、平和記念公園を中心に「戦争のない平和」の実現を世界に向け発信している。
しかし、72年という歳月は今までのヒロシマにはない「積極的平和」という新たな平和概念を作り出した。
本設計は「積極的平和」を発信する拠点を提案する。ヒロシマが発信する平和への思いはより強いものとなる。

小浦 幸平
Kouhei Koura

東京理科大学
理工学部 建築学科
岩岡研究室

プログラム：
展示施設

構想／制作：
8週間／4週間

計画敷地：
広島県広島市中区
基町 5-25

制作費用：
40,000 円

進路：
東京理科大学大学院

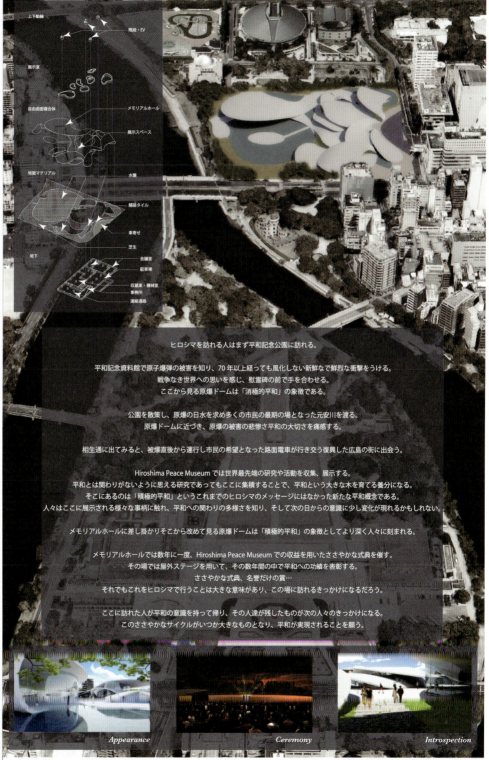

ヒロシマを訪れる人はまず平和記念公園に訪れる。

平和記念資料館で原子爆弾の被害を知り、70年以上経っても風化しない新鮮なで鮮烈な衝撃をうける。
戦争なき世界への思いを感じ、慰霊碑の前で手を合わせる。
ここから見る原爆ドームは「消極的平和」の象徴である。

公園を散策し、原爆の日水を求め多くの市民の最期の場となった元安川を渡る。
原爆ドームに近づき、原爆の被害の悲惨さ平和の大切さを痛感する。

相生通に出てみると、被爆直後から運行し市民の希望となった路面電車が行き交う復興した広島の街に出会う。

Hiroshima Peace Museum では世界最先端の研究や活動を収集、展示する。
平和とは関わりがないように思える研究であってもここに集積することで、平和という大きな木を育てる養分になる。
そこにあるのは「積極的平和」というこれまでのヒロシマのメッセージにはなかった新たな平和概念である。
人々はここに展示される様々な事柄に触れ、平和への関わりの多様さを知り、そして次の日からの意識に少し変化が現れるかもしれない。

メモリアルホールに差し掛かりそこから改めて見る原爆ドームは「積極的平和」の象徴としてより深く人々に刻まれる。

メモリアルホールでは数年に一度、Hiroshima Peace Museum での収益を用いたささやかな式典を催す。
その場では屋外ステージを用いて、その数年間の中で平和への功績を表彰する。
ささやかな式典、名誉だけの賞…
それでもこれをヒロシマで行うことは大きな意味があり、この場に訪れるきっかけになるだろう。

ここに訪れた人が平和の意識を持って帰り、その人達が残したものが次の人々のきっかけになる。
このささやかなサイクルがいつか大きなものとなり、平和が実現されることを願う。

Appearance   *Ceremony*   *Introspection*

横浜南部市場
―モノフレーム―

倉庫化が進む市場に、卸売市場を中心とした複合施設を設計する。
既存市場の柱を基準にウラ動線とオモテ動線の境界線を設定。それは時間によってうつりかわり、訪れたヒトと次々と姿を変えていくモノの新しい出会いを生む。多種多様にモノとヒトが流動、滞留し、生まれる出会いとかたちつくられる空間を提案する。

吉川 初月
Hazuki Yoshikawa

東京藝術大学
美術学部 建築科

プログラム：
卸売市場複合施設

構想／制作：
12 週間／4 週間

計画敷地：
神奈川県横浜市金
沢区鳥浜町

制作費用：
約 15 万円

進 路：
東京藝術大学大学
院

Concept

横浜南部市場に従来の機能である卸売市場（卸売場・仲卸場）と宿泊室、商店、休憩スペース等を同時に計画し、市場内に一般客も入れるエリアをつくる。いままで見ることのできなかった流通現場を開放し、一般客も消費、見学というかたちでその場に関わることができる。

既存市場の柱を一部残し、その柱幅（1350mm）でウラ動線とオモテ動線の境界線を設定する。市場は時間によるモノとヒトの動きが大幅に変わるためその境界線も時間とともにうつりかわり、違う景色をみせる。

Diagram

| 卸売場 |
| 仲卸場 |
↓↓
搬出口

従来の市場内ゾーニング

一般も立入ることができるスペースを計画する。卸売場から直接店にアクセスできるように

境界線を既存の柱上にとる
仲卸店舗、商店、休憩スペース等を配置し、連鎖的にアクティビティがおこるようにする

Image

市場は時間の経過によってモノとヒトの動きが大幅にかわる。それにより市場内にあらわれる風景が大きく変化するように設計を進めた。また訪れた人々はその時間ごとに大量の発泡スチロールから魚が解体されるところまで普段関わることのできない姿を見ることができる。

左上：朝起きると宿泊室から大量の発泡スチロールが運ばれているところがみえる。下の階に降りて取引が終わったばかりの魚を朝ごはんに。

右 ：昼の時間は取引が終わった食材が一気に店に並べられる。料理人に混ざって夕飯の買物。

左下：仲卸店舗は閉店し、暗い場内にレストランの明かりが浮く。

壁の景
- 沼津港のまち再生計画 -

静岡県の沼津港の中心に、観光を1日楽しめるまちを提案。敷地の内港は外港に港の機能を移行され、人の賑わいをなくしていた。そこに観光客と地元民のための商業施設と宿泊施設を設計。壁の可能性を考え、壁による景色操作と動線操作を行い、壁に人がまとわりつくことによって生まれる賑わいの港まちを提案する。

橋本 怜奈
Reina Hashimoto

昭和女子大学
生活科学部
環境デザイン学科
金子研究室

プログラム：
複合施設

構想／制作：
24週間／4週間

計画敷地：
静岡県沼津市

制作費用：
70,000円

進路：
ハウスメーカー

■Concept
■壁の空間　　壁がまとう　にぎわいのまち

建物は景色を隠す。しかし景色を分割して見せるものだと捉える。
分割された景色を人は想像し、それを見るために移動する。
この動作が連続的になることで人の回遊性が生まれまちとしての
空間となる。建物の内部を最小化すると壁のように薄くなるため、
連続性を壁を用いて表現。全てのゾーンを外部は壁による景色操作
そして内部は壁の中に機能を入れ込み、動線を仮の足場をつけた
うな壁から張り出した床にすることで、室内で人が止まることなく壁
外に人がまとわりつくような活気溢れるまちとして機能する。

商業ゾーン　宿泊ゾーン　駐車場ゾーン　駿河湾　外港　狩野川　内港

■Diagram
■機能的な壁

景色を分割し、壁を立ち上げる

レジ　寝室　陳列棚　バスルーム　リビング

動線を壁に沿わせる

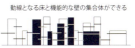
動線となる床と機能的な壁の集合体ができる

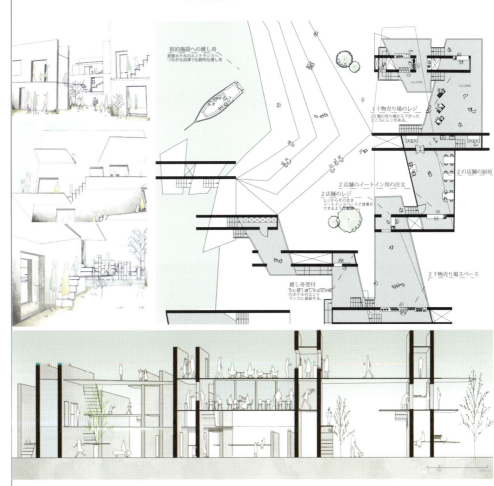

61

移ろう街の懐

どの街にも必ず、生活の特異点が存在する。特異点はその街でしか生まれない風景を描く。敷地である荒川区南千住は「下町を貫入する路面電車とともにある生活」という特異点がある。路面電車と都市の関係性を読み込み、一般的に都市の裏側とされる交通インフラを都市の「懐」として捉え直すことで、その駅を、路面電車の特性を活かした新しい都市広場として設計する。

稲毛田 洸太
Kota Inageta

日本大学
理工学部 建築学科
今村雅樹研究室

プログラム：
複合施設

構想／制作：
1ヶ月／2週間

計画敷地：
東京都荒川区南千住

制作費用：
8万円

進路：
日本大学大学院

（1）＊生活の特異点

どの街にも「生活の特異点」が存在する。それは、その街らしさであり、均質化する都市空間で重要な都市の個性である。その特異点にフォーカスして都市を捉え直すことで、新しい都市の風景を描き、現代の都市問題の打破にもつながる。

敷地である東京都荒川区は東京下町として有名だが、近年のファスト風土化などの影響もあり、その街の個性が失われつつある。木造密集地としての問題も抱える荒川区は、新たな都市風景を描く必要がある。

荒川区の個性「下町を貫入する路面電車と共にある生活」という特異点にフォーカスし、都市を捉え直すことで、荒川区らしい街を取り戻す。

東京では都心部も郊外住宅地も下町も街が均質化されはじめている。
これからの都市を考える上で、街の特異点を捉えることで、その街だけの風景を獲得し、豊かな都市生活を描くことができる。

（2）＊トラムと都市

トラムと都市の関係は国内外で様々であるが、共通点として、「パブリック空間との接続」が言える。ヨーロッパでは広場と一体化し、街特有の都市体験を生み出す。

日本やアジアでは"広場"は発展しなかったが、商店街や市場などのコンテンツによる公共空間が一体化する。都電荒川線は下町を貫入するため、公共空間として「路地」が一体化している。恒久的な西洋広場ではなく、人や風景が移ろう公共空間が都電らしい都市との関係性で有ると言える。

西洋の事例	東洋の事例
Place de Comedie (France)	Mae Klong Market (Thailand)

細長い広場に差し込むようにLRTが通る。広場と軌道の間には何も障害はなく、自由に人々が行き交う。路面電車は信号がない場合、運転手は歩行者との関係性のみで運行しているために、むしろ安全な運転ができる。
この場合も同じことが言えるだろう。

西洋的な広場とは全く異なり、隙間を縫うように列車が入り込む。
普段はテントを張り出し、市場が賑わうが、列車が近づくとテントをしまい一時的に線路が現れる。
しかし、これもこの地域の生活の特異点であり、この習慣がパブリックな空間を形成し、列車の待ち時間は市場に待合い人が溢れる。

（3）＊都市の「懐」としての路面電車

都電の駅は主に300～400m程度の間隔で配置されていることが多い。これは、地域で公共空間を配置するのに有効な距離である。

都市のインフラを都市の空間として積極的に捉えると、その存在は途端に豊かなものとなり、新たな都市風景をつくる。

また、木造密集地には緑地が少なく、地域住民のあつまる広場空間も少ない。そこで駅には環境要素を取り込む。一定の間隔で存在する駅は環境の拠点としても機能し、都市の懐として線的に広がる。

駅間隔は300-400mほど　　　街に貫入する沿線を積極的に捉える

（4）＊断面的広場空間の連続

都電が商店街や路地と一体化する特徴から、断面的に様々な公共空間が生まれるような駅空間を設計する。ボリュームを上部に持ち上げ、GLでは、プラットホームと広場を一体化したピロティを形成する。

上部のボリュームは、周囲に威圧的にならないように分割し、その隙間は路地空間のような公共空間をつくる。最上部は緑化された広場であり、木造密集地の高さからは少し高く設定する事で、落ち着いた空間を獲得する。将来的にこの駅舎を皮切りに都電沿線には緑の浮遊した新しい都市風景が生まれるかもしれない。それは、今までの駅や駅前広場といった空間とは全く違う存在として街に移ろう風景を与えてくれる。

断面的に様々なパブリックスペースが展開するイメージ

移りたまる駅

移る＋たまる　駅
一時の利便性による駅の巨大化は人に街に出る機会を失わせた。
そこで運動空間の大きさが欠けている豊洲に移動のみでなく人の居場所をつくる駅空間の提案をする。体育の授業やイベントにも使われ通勤時のみでなく一日を通して人が集まり賑わう場所となる。

阿部 りさ
Lisa Abe

法政大学
デザイン学部 建築学科
渡辺眞理研究室

プログラム：
駅コンコース

構想／制作：
半年／二ヶ月

計画敷地：
東京都江東区豊洲
豊洲駅

制作費用：
40,000 円

進路：
法政大学大学院

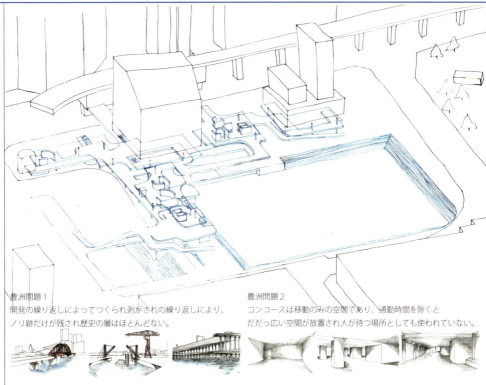

豊洲問題 1
開発の繰り返しによってつくられ剥がされの繰り返しにより、
ノリ跡だけが残され歴史の層はほとんどない。

豊洲問題 2
コンコースは移動のみの空間であり、通勤時間を除くと
だだっ広い空間が放置され人が待つ場所としても使われていない。

解決策
豊洲には 10 校ほど学校や幼稚園があるがグラウンドや体育館が足りてなく、少し遠くの地域センターに借りに行くという現状がある。
そこで、豊洲に足りていない運動空間の大きさを補って、人と人や人と街が関わりを持つ駅を提案します。

コンコース部分は移動空間のみの役割以外にも、地元の学校によって使われたりイベント開催時には人が集まり、
通勤時のみ人が集まる場所ではなく、一日を通して人が集まり賑わう場所となる。

設計
オフィスと住宅の両方が存在する豊洲に唯一残された空地を残しながら、
移動空間と居場所が共存した駅コンコースを提案。

1. 閉じられていた空間
2. 開放
3. 運動出来る様々な箱
4. 箱を素材でまとめる
5. 敷地内の既存と関連した箱の配置
（6. 動線）
7. 動線は空間を自由につながっていく

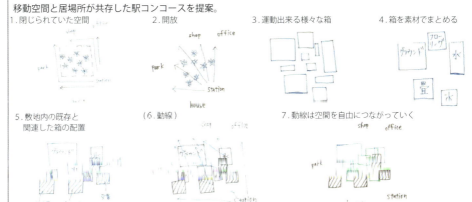

（仮称）
三ノ輪橋計画

荒川区三ノ輪において、並行して伸びるアーケード商店街と都電荒川線の相互活性作用を高め観光地としての活気を取り戻すために、両者を一体化した大きな"プラットフォーム"を計画する。暴力的な再開発により消失しつつある下町的空間体験を凝縮して大きな屋根の下に再構築する。下町に生まれ育った建築学生が描いた地元の一つの未来。

増田 大地
Daichi Masuda

千葉大学
工学部 建築学科
鈴木弘樹研究室

プログラム：
都市計画

構想／制作：
1 年／ 3 週間

計画敷地：
東京都荒川区
南千住 (三ノ輪)

制作費用：
20 万円

進路：
千葉大学大学院

Problem
街に閉塞感をもたらす都電とアーケード商店街の分断
暴力的再開発によって消失する下町的空間

Solution
商店街と都電が一体となった
下町的空間構造を凝縮した大きな"プラットフォーム"

都電による観光客は駅と商店街を行き来するのみで
その間の土地は有効に利用されていない

両端をそれぞれ乗車・降車専用の広場とし
全体を歩き回れる大きなプラットフォームとする

都電とアーケード商店街は
その間の土地により分断されている

商店街の屋根を拡張して都電まで伸ばし
全体を大きなプラットフォームとする

旧アーケード商店街

既存の商店街と都電に直交する商店街

長屋に挟まれた閉鎖的な路地

極度に私的な長屋のベランダ

都電軌道沿いの商店街

敷地全体を貫く町工場が立ち並ぶ細街路

地下に貯水槽を設けたヴォイドとしての小公園

建物の間の極狭路地

浦人の舟屋

漁師や海辺で生活する人々を浦人と呼ぶ。
今から 400 年前，徳川家光に招かれた摂津佃村 34 人の漁夫が江戸湾河口を拝
領し，漁業を生業として暮らしていた。
埋立地の起源である佃島の産業に着目し，職住近接型集合住宅として漁家を立
体化することで生業の文化を未来へ綴る。

横山 大貴
Daiki Yokoyama

日本大学
理工学部 理工建築学科
今村雅樹研究室

プログラム：
職住近接型集合住
宅

構想／制作：
4ヶ月／2週間

計画敷地：
東京都中央区佃島

制作費用：
9万円

進路：
未定

君の大きな耳には何が聞こえるか

更地になってしまった土地における、コンテクストの扱い方について考えた。野生で繁殖したウサギを介して、大戦中の極秘下の化学兵器工場への関心を誘い、その歴史を継承する。// 旧工場をヴォイドとして復元し、人とウサギが出会い、動物倫理について知る場とする。その上下が人とウサギが棲む場となる。ウサギの住処を妨げぬよう、全体は吊り構造による大屋根によって構成される。

岡田 大貴
Hiroki Okada

千葉大学
工学部 建築学科
岡田研究室

プログラム：
余暇宿泊施設 +
化学兵器資料館 +
自然学習施設

構想／制作：
春〜／冬〜

計画敷地：
広島県 竹原市
忠海町 大久野島

制作費用：
材料費 20,000 円
食費 30,000 円
旅費 50,000 円

進路：
組織系設計事務所

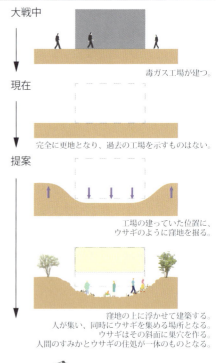

大戦中

毒ガス工場が建つ。

現在

完全に更地となり、過去の工場を示すものはない。

提案

工場の建っていた位置に、ウサギのように窪地を掘る。

窪地の上に浮かせて建築する。人が集い、同時にウサギを集める場所となる。ウサギはその斜面に巣穴を作る。人間のすみかとウサギの住処が一体のものとなる。

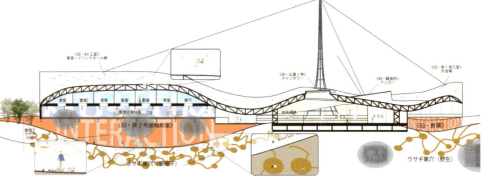

日本逆植民地計画

日本逆植民地計画という日本を生き返らせる成長戦略をまとめた本がある。日本、都内の島にタイの逆植民地を提案し、本の文中だけでは気付かない様々な問題点が見つかるだろう。そして、にわかに信じがたい戦略の実現性を証明しよう。

中里 優
Yu Nakazato

国士舘大学
理工学部理工学科
南研究室

プログラム：
国

構想／制作：
4週間／2週間

計画敷地：
東京都江戸川区
妙見島

制作費用：
1万円

進路：
国士舘大学大学院

日本はさまざまな問題を抱えている
少子高齢化、空き家問題 etc...
問題を解決するために数々の政策を行ってきた
しかし問題は解決しなかった。
日本を本当に変えうる架空の計画を提案する。
それは日本に逆植民地を作る

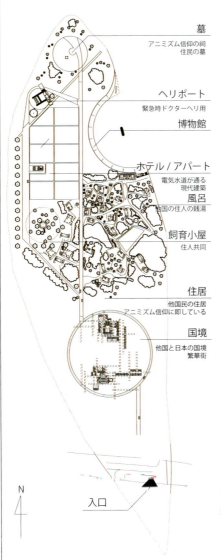

墓
アニミズム信仰の祠
住民の墓

ヘリポート
緊急時ドクターヘリ用

博物館

ホテル／アパート
電気水道が通る
現代建築

風呂
他国の住人の銭湯

飼育小屋
住人共同

住居
他国民の住居
アニミズム信仰に即している

国境
他国と日本の国境
繁華街

N

入口

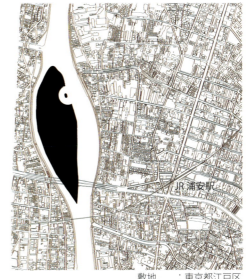

JR 浦安駅

敷地　　：東京都江戸区
　　　　　妙見島
敷地面積：8,0000 ㎡

日本に逆植民地ができると
さまざまな良い事が起こる
日本は比較的安い給料で雇うことができる
他国は日本の高い技術を学ぶ事ができ
お金も稼ぐ事ができる
日本と他国の間には国境ができる
国境のあり方がこの政策の質を決める
国境のあり方を決めるのは人間の心

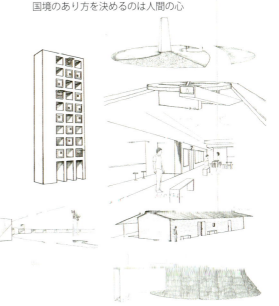

団地に息吹を

老いてゆく工業団地。廃れゆく工業団地。人口減少が著しく、団地内の住戸が均一化され、住み方の多様性がない今、多様なライフスタイルに応じた住戸を提案する。階段室を再考し、階段室＝動線＋生活空間へと転用させ、団地概念を再構築する。そして、団地に彩が戻り花が咲く。

芦原 智也
tomoya ashihara

千葉大学
工学部 建築学科
吉岡研究室

プログラム：
集合住宅

構想／制作：
2ヶ月／3週間

計画敷地：
岡山県倉敷市水島
工業地帯付近

制作費用：
15万円

進路：
東京大学大学院

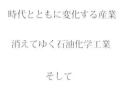

時代とともに変化する産業

消えてゆく石油化学工業

そして

支えられていた街は消えてゆくのである

街を助ける手立てはないだろうか

失われた街

均一化された住戸からの脱却

多様なた住戸

住戸再編

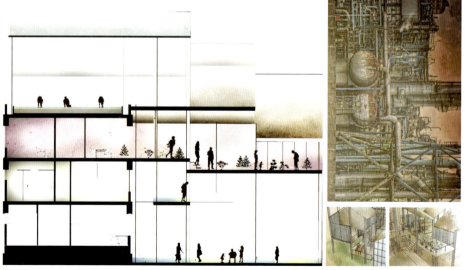

section

独創的レスタウロ構想 序幕
復興小学校における再生計画

イタリアの再生概念であるレスタウロの研究から、日本の復興小学校の常盤小学校に応用する。新旧の素材の擦り合わせを裸で感じられる温泉施設への 16 つの操作と、既存建築を点的に見立てその敷地の歴史や記憶を含めて線的として捉える、有形と無形の再生方法を提案した。

赤城 侑真
Yuma Sekijo

日本大学
理工学部 建築学科
今村雅樹研究室

プログラム：
温泉施設 + 公園

構想／制作：
10 週間／ 3 週間

計画敷地：
東京都中央区日本
橋石町 4-4-26

制作費用：
150,000 円

進路：
未定

①再生建築の分類とレスタウロの解説

佇む
ミロのビーナス
彫刻の従来のイメージを壊さない。

誘導する
ミロのビーナス
彫刻の佇まいにストーリーを与え、想像力を膨らませる。

果物を紹介する
ミロのビーナス
ストーリーに適応するようにイメージを作り変える。

現代的な
ミロのビーナス
現代的な要素を加えて違う魅力をひきたたせる。

つけかえ　よみかえ　かきかえ　とりかえ

リフォーム
コンバージョン
リノベーション
レスタウロ
作家性

レスタウロ：既存の作家性と自らの作家性とを対峙させて『とりかえ』をする再生概念

②敷地：常盤小学校（中央区日本橋）

1. 卓越した構造と意匠建築

③１６つのレスタウロ操作と空間のイメージ

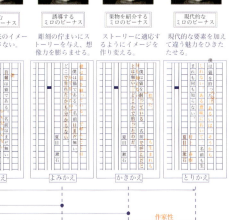

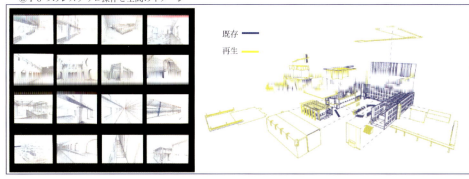

既存 ────
再生 ────

在学中から二級建築士を！

技術者不足からくる建築士の需要

東日本大震災からの復興、公共事業の増加、さらに 2020 年の東京オリンピック開催と、建設需要は今後さらに拡大することが予想されます。しかし一方で、人材不足はますます深刻化が進み、特に監理技術者・主任技術者の不足は大きな問題となっています。

使える資格、二級建築士でキャリアの第一歩を

「一級建築士を取得するから二級建築士はいらない」というのは昔の話です。建築士法改正以降、建築士試験は一級・二級ともに内容が大幅に見直され、年々難化してきています。働きながら一度の受験で一級建築士を取得することは、非常に難しい状況です。

しかし、二級建築士を取得することで、住宅や事務所の用途であれば木造なら 3 階建て 1000 ㎡まで、鉄骨や RC なら 3 階建て 300 ㎡まで設計が可能です。多くの設計事務所ではこの規模の業務が中心となるため、ほとんどの物件を自分の責任で設計監理できることになります。また住宅メーカーや住宅設備メーカーでは、二級建築士は必備資格となっています。

さらに、独立開業に必要な管理建築士の資格を二級建築士として取得しておけば、将来一級建築士を取得した際に、即一級建築士事務所として開業できます。二級建築士は実務的にも使える、建築士としてのキャリアの第一歩として必須の資格といっても過言ではありません。

大学院生は在学中に二級建築士を取得しよう

大学院生は修士 1 年（以下、M1）で二級建築士試験が受験可能となります。在学中に取得し、入社後の早いうちから責任ある立場で実務経験を積むことが、企業からも求められています。また、人の生命・財産をあつかう建築のプロとして、高得点での合格が望ましいといえます。

社会人になれば、今以上に忙しい日々が待っています。在学中（学部 3 年次）から勉強をスタートしましょう。M1 で二級建築士を取得しておけば就職活動にも有利です。建築関連企業に入社した場合、学習で得た知識を実務で生かせます。大学卒業後就職する方も、就職 1 年目に二級建築士資格を取得しておくべきです。

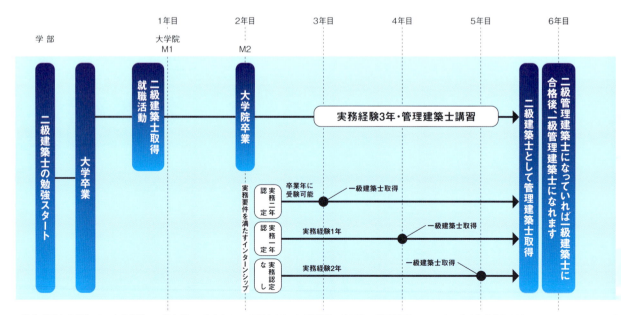

※学校・課程から申請のあった開講科目で、指定科目に該当することが認定されている科目については、試験実施機関である（公財）建築技術教育普及センターのホームページ（http://www.jaeic.or.jp）に掲示されています。

早期資格取得で活躍の場が広がる！

建築士の早期取得で会社に貢献できる

会社の経営状況を審査する指標として「経営事項審査（以下、経審）」があります。経審は建設業者を点数で評価する制度です。公共工事への入札に参加する業者は必ず受けなければなりません。

経審には技術職員点数が評価される "技術力項目" があり、全体の約 25%のウェイトを占めています。一級建築士が 5 点、二級建築士が 2 点、無資格者は 0 点、10 年経験を積んだ無資格者が 1 点と評価されます。つまり、大学院在学中に二級建築士を取得すれば、入社後すぐに 2 点の貢献（※）ができるため、就職活動も有利に進められます。新入社員であっても、無資格の先輩社員よりも高く評価されることでしょう。※雇用条件を満たすために 6 ヶ月以上の雇用実績が必要

1級資格者の技術力は、10年の実務経験よりはるかに高く評価されている

入社年次	1年目	2年目	3年目	4年目	5年目	6年目	7年目	8年目	9年目	10年目	11年目
Aさん（大学院で2級建築士を取得した／2級建築士取得→1級建築士取得）	2点	2点	2点	5点	5点	5点	5点	5点	5点	5点	5点
Bさん（入社してすぐに2級建築士に合格した／無資格→2級建築士取得→1級建築士取得）	0点	2点	2点	5点	5点	5点	5点	5点	5点	5点	5点
C先輩（無資格の／無資格→無資格）	0点	0点	0点	0点	0点	0点	0点	0点	0点	0点	1点

建築のオールラウンドプレーヤーになろう

建築士試験では最新の技術や法改正が問われます。試験対策の学習をすることで、合否に関わらず、建築のオールラウンドプレーヤーとして働ける知識が身につきます。平成 27 年の一級建築士試験では、平成 26 年施行の「特定天井」に関する法改正から出題されました。二級建築士試験では、平成 25 年に改正された「耐震改修」の定義に関して出題されました。実務を意識した出題や社会情勢を反映した出題も見られます。そのため、試験対策をしっかりとすることで、会社で一番建築の最新知識や法改正に詳しい存在として重宝され、評価に繋がるのです。

建築士資格を取得することで、会社からの評価は大きく変わります。昇進や生涯賃金にも多大な影響を与え、無資格者との格差は開いていくばかりです。ぜひ、資格を早期取得して、実りある建築士ライフを送りましょう。

難化する二級建築士試験

平成16年度と28年度の合格者属性「受験資格別」の項目を比較すると、「学歴のみ」の合格者が20ポイント以上も増加しています。以前までなら直接一級を目指していた高学歴層が二級へと流入している状況がうかがえます。二級建築士は、一級に挑戦する前の基礎学習として人気が出てきているようです。その結果、二級建築士試験は難化傾向が見られます。資格スクールの利用も含め、合格のためには万全の準備で臨む必要があります。

■ 二級建築士試験の受験資格

建築士法第15条	建築に関する学歴等	建築実務の経験年数
第一号	大学（短期大学を含む）又は高等専門学校において、指定科目を修めて卒業した者	卒業後0～2年以上
第二号	高等学校又は中等教育学校において、指定科目を修めて卒業した者	卒業後3～4年以上
第三号	その他都道府県知事が特に認める者（注）（「知事が定める建築士法第15条第三号に該当する者の基準」に適合する者） 建築設備士	所定の年数以上 ／ 0年
第四号	建築に関する学歴なし	7年以上

（注）「知事が定める建築士法第15条第三号に該当する者の基準」に基づき、あらかじめ学校・課程から申請のあった開講科目が指定科目に該当すると認められた学校以外の学校（外国の大学等）を卒業して、それを学歴とする場合には、建築士法において学歴と認められる学校の卒業者と同等以上であることを証するための書類が必要となります。提出されないときは、「受験資格なし」と判断される場合があります。詳細は試験実施機関である（公財）建築技術教育普及センターのＨＰ（http://www.jaeic.or.jp/）にてご確認ください。

■ 学校等別、必要な指定科目の単位数と建築実務の経験年数（平成21年度以降の入学者に適用）

学校等			指定科目の単位数	建築実務の経験年数
大学、短期大学、高等専門学校、職業能力開発総合大学校、職業能力開発大学校、職業能力開発短期大学校			40	卒業後0年
			30	卒業後1年以上
			20	卒業後2年以上
高等学校、中等教育学校			20	卒業後3年以上
			15	卒業後4年以上
専修学校			40	卒業後0年
	高等学校卒	修業2年以上	30	卒業後1年以上
		修業1年以上	20	卒業後2年以上
		修業1年以上	20	卒業後3年以上
	中学校卒		16	卒業後4年以上
		修業1年以上	10	卒業後5年以上
職業訓練校等	高等学校卒	修業3年以上	30	卒業後1年以上
		修業2年以上	20	卒業後2年以上
		修業1年以上	20	卒業後3年以上
	中学校卒	修業3年以上	20	卒業後3年以上
		修業2年以上	15	卒業後4年以上
		修業1年以上	10	卒業後5年以上

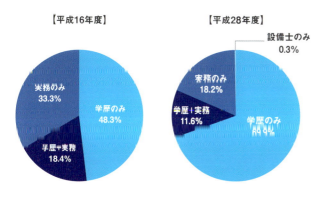

【平成16年度】　実務のみ 33.3%　学歴のみ 48.3%　学歴+実務 18.4%

【平成28年度】　設備士のみ 0.3%　実務のみ 18.2%　学歴+実務 11.6%　学歴のみ 69.9%

おかげさまで
「1級建築士合格者数日本一」を
達成し続けています。
これからも有資格者の育成を通じて、
業界の発展に貢献して参ります。

総合資格学院　学院長
岸 隆司

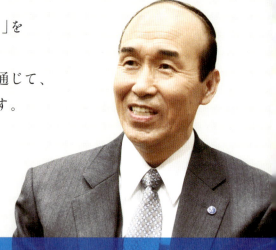

総合資格学院は、1級建築設計製図試験も「日本一」の

Face to Face!

平成29年度 1級建築士学科試験
全国合格者の2人に1人以上は総合資格学院の現役受講生！

全国合格者 4,946名中／当学院現役受講生 2,607名

合格者
占有率
52.7%

※総合資格学院の合格実績には、模擬試験のみの受験生、教材購入者、無料の役務提供者、過去講生は一切含まれておりません。※全国合格者数は、(公財)建築技術教育普及センター発表による。 〈 平成29年9月13日現在 〉

1級建築士 設計製図試験　総合資格学院に通えば合格が現実になる！

| 平成24〜28年度 (過去5年累計) 全国 合格者占有率 | 54.4% | 〈平成24〜28年度 過去5年累計〉 (平成28年12月15日 現在) 全国合格者 合計19,562名中、 総合資格学院 受講生10,636名 | 平成28年度 (単年度集計) 全国 合格者占有率 | 53.3% | 〈平成28年度 単年度集計〉 (平成28年12月15日 現在) 全国合格者 合計3,673名中 総合資格学院 現役受講生1,957名 |

| 平成29年度 1級建築士 設計製図試験 目標 | 1級建築士設計製図試験 総合資格学院基準達成受講生 基準達成=O割出席 O割宿題提出・模擬成績クリアを達成した総合資格学院受講生 | 合格率 目標 85% |